多田富雄コレクション

4 死者との対話

【能の現代性】

【解説】赤坂真理・いとうせいこう

藤原書店

「翁」の一場面。橋岡久馬師の「舞謡会」にて、侍烏帽子を付けて小鼓を演奏する。笛方は藤田次郎氏。（1999 年。撮影・森田拾史郎）

東京大学定年退職の折、最終講義はほら貝で始め、宝生能楽堂にて半能「高砂」（シテ・橋岡久馬師）で小鼓を打った。（1994 年 2 月 18 日。撮影・宮田均）

「無明の井」1991 年初演時のポスターを前にして。（東京大学の教授室にて）

多田富雄コレクション4——目次

編集協力・笠井賢一
多田式江

多田富雄コレクション 4

死者との対話——能の現代性

凡例

一　底本における明らかな誤字脱字は訂正した。

一　可能な範囲で表記の統一を行った。

一　振り仮名は、底本における有無に関わらず、読者の便宜を考慮して加除した。

一　本コレクション編集部による補足は〔　〕で示した。

I

舞台によせて

歌占*

死んだと思われて三日目に蘇った男は
白髪の老人になって言った
俺は地獄を見てきたのだと
そして誰にも分からない言葉で語り始めた

それは死人の言葉のように頼りなく
蓮の葉の露を幽《かす》かに動かしただけだが
言っているのはどうやらあの世のことのようで
我らは聞き耳を立てるほかなかった

真実は空しい
誰が来世など信じようか
何もかも無駄なことだといっているようだった
そして一息ついてはさめざめと泣いた

死の世界で見てきたことを
思い出して泣いているようで
誰も同情などしなかったが
ふと見ると大粒の涙をぼろぼろとこぼしているので
まんざら虚言《そらごと》をいっているのではないことが分かった
彼は本当に悲しかったのだ

無限に悲しいといって老人は泣き叫んだ
まるで身も世も無いように身を捩《よじ》り

息も絶え絶えになって
血の混じった涙を流して泣き叫ぶ有様は
到底虚言とは思えなかった

それから老人は
ようやく海鳥《うみどり》のような重い口を開いて
地獄のことを語り始めた

まずそれは無限の暗闇で光も火も無かった
でも彼にはよく見えたという
岬のようなものが突き出た海がどこまでも続いた
でも海だと思ったのは瀝青《れきせい》のような水で
気味悪く老人の手足にまとわりついた
彼はそこをいつまでも漂っていた
さびしい海獣の声が遠くでしていた

一本の白い腕が流れてきた
それは彼にまとわりついて
離れようとはしなかった
あれは誰の腕？
まさかおれの腕ではあるまい
その腕は老人の胸の辺りにまとわりついて
どうしても離れようとしなかった
ああいやだいやだ

だが叫ぼうとしても声は出ず
訴えようとしても言葉にならない
渇きで体は火のように熱く
瀝青のような水は喉を潤さない
たとえようも無い無限の孤独感にさいなまれ

この果てのない海をいつまでも漂っていたのだ

身動きもできないまま
いつの間にか歯は抜け落ち
皮膚はたるみ皺を刻み
白髪の老人になってこの世に戻ってきたのだ
語っているうちにそれを思い出したのか
老人はまたさめざめと泣き始めた

が、突然思い出したように目を上げ
思いがけないことを言い始めた
そこは死の世界なんかじゃない
生きてそれを見たのだ
死ぬことなんか容易《たやす》い
生きたままこれを見なければならぬ

よく見ておけ
地獄はここだ
遠いところにあるわけではない
ここなのだ　君だって行けるところなのだ
老人はこういい捨てて呆然として帰っていった

＊歌占《うたうら》　伊勢の神官、渡会《わたらい》の某《なにがし》は頓死して三日目に蘇る。白髪の預言者となって、歌占いで未来を予言し、死んで見てきた地獄のことをクセ舞に謡い舞う。はては、狂乱して神がかりとなり、神の懲罰を受ける。

雨と女

山本順之の『定家《ていか》』*を見て

雨が降っていた
冷たい雨が白いバードケージの家に降っていた
窓には蔦《つた》が絡んで
雨は蔦の螺旋を伝って落ちていた

蔦の絡む窓に女が座っていた
女は甘い回想にふけっていた
空恐ろしい快楽の日の記憶だ

あのストーカーのようにしつこく付きまとう男の
毛の生えた指が女の巻き毛をなでていた
執拗な愛撫がうなじを這った
それが苦しいのかうれしいのか
彼女には分からない
ただ甘いにおいがして女は身悶えた
もう忘れていたはずの快楽に抗いもしないで
男の腕の中で身をすくめている夢だ
うなじの巻き毛が
雨で這い纏わっている

今日女は蜆蝶《しじみちょう》の翅《はね》のような
薄黄色の衣をまとっていた
時雨《しぐれ》の空がそこだけぼうっと明るくなった
薄い軽い衣だった

夢の中で女はそれを翻して舞った
いつ終わるとも知れない舞に
女のひと時の救いがあった
でも雨が衣にかかると
蜆蝶の翅はすぐに破れる？

這いまとわる
雨のしずくで
がんじがらめになった女の思いは
蜆蝶の翅とともに壊れてゆく
そら　いつの間にか下の方から紫色に変わっている
死人の指のような紫色だ
両足が腐ってきた女は
ゆっくりと地面に吸い込まれていった

雨が上がって薄い陽炎《かげろう》の薄日がさしても
窓の中の女はもう立ち上がらない
外は草ぼうぼうの蓮華畑になっていた
女の甘い笑い声が残っていた

またしとしとと雨が降りだして
しずくが螺旋のように蔦を這っていた
永遠の呪縛のように蔦に纏わっていた
蜆蝶の翅は雨に打たれて
羽蟻に運ばれてなくなった

彼女の高貴な香りと
甘い記憶だけをそこに残して
誰もいない白いバードケージのような窓を
雨が縛っていた

＊定家　時雨の降りしきる都千本、定家の旧跡に現れた女は、旅の僧を蔦葛で無残に覆われた墓石に案内する。それは「忍ぶ恋」の歌人式子内親王の墓であった。死せる皇女の霊は、かつての恋人藤原定家の執心が定家葛となって、死後までも墓石に這いまとわる苦患を物語り、救いを求める。僧の読経で、つかの間の安らぎを得た内親王の霊は、報謝の「序ノ舞」を舞って、また呪縛の蔦に覆われた暗黒の墓石の中に戻ってゆく。

水の女

野村四郎の『采女《うねめ》』*に寄せて

吾妹子《わぎもこ》が　寝《ね》ぐたれ髪を　猿沢の
池の玉藻と見るぞ悲しき

水が湧き出ている池の底に
ゆらゆらと玉藻が生え
波紋が広がる
王は気づいていない
女が水に浮いているのを

あれは恋に破れたオフェリア？
または古代の采女？
朽ち葉色の衣が池波に揺れる

もう心変わりを責めはしない
物悲しい声でホトトギスが啼いた
女のむくろは水に浮いたままだ
ただ昔の自分が懐かしい
何も知らなかったころの

水藻が揺らいで
女の髪をなぶった
彼女は思い出した
祝祭の日酒を注ぎ
王の宴で舞ったことを

幼い王は
微笑みながら水面を見回す

王はついに発見する
そこに女のむくろが
水の盛り上がったところに
浮いているのを
女の髪に玉藻が絡んで
落ち葉に覆われて見えなくなったのを

水の女には死の喜びがある
満足が五体に満ちている
もうそれだけで良い
女は感謝していた

水が湧き出しているところから
玉藻が生え拡がり
ゆらゆらと女の髪を撫でた
ホトトギスが啼いた
王の歌う鎮魂歌のように

＊采女　天皇の寵を失ったことを嘆いて、猿沢の池に身を投げて死んだ采女の霊は、かつての祝宴での舞を舞い、また水の底に帰ってゆく。

OKINA

老人は闇の中から
天を呪いながら現れた
歪んだ口に黄ばんだ歯を剝き
土砂降りの雨に打たれた
妻を寝取られたアガメムノンか
痩せた裸身は泥にまみれ
深い息を四遍吐いた
　　どうどうたらりたらりら
たらりあがりららりとう

汗が滝のように流れ
心臓はしぶきを上げた
老人は恐怖におののきながら
夜の中を這いずり回った

老人は狂った犬のように
泥にまみれ
関節を折り曲げ
鈴を鳴らしながら一心に祈った
何者とも知れぬ神に向かい
呪文を唱えた
　おおさえおおさえ
　　幸ひあれや幸ひあれや

老人は死の国からの逃亡者
老人の罪は
死の国で見た神の秘密を
人に漏らしたことだ

罰は受けなければなるまい
おかげでこの無限の苦しみ
待っていたのは
永遠の渇きと餓えだった
鈴を振っても
泉に水は湧いてこない
もう舞い続けるしかない
およそ千年の鶴は
万歳楽と歌うたり
また万代の池の亀は

甲に三極を具えたり

老人の筋という筋が
彼の胸を締め付けた
指の爪が虚空に摑んだのは
実の入らなかった稲穂ばかり
開いた扇を舐めまわし
日照りの荒れ野に向かい
大仰に嘆息した
　日は照るとも絶えず
　とうたりありうとうとう

彼は百七十歳の翁
かつて荒野の闇に瞬《またた》く
燐光の歪みから

川の曲がろうとする気配
山の崩れようとする欲望
海の溢れようとする意思を見た
老人は見すぎたのだ
この世の裏という裏を

あげまきやとんどや
尋《ひろ》ばかりやとんどや
座していたれども
転《まろ》びあいにけり
睦《むつ》びあいにけり
とんどや

だが祈っても謡っても
楠の大樹から降ってきたのは
くすぐるような天狗の哄笑だけ

ひやひやらり
ちりあたらりとう

絶望に身を捩《よ》じらし
涙で満たした器を挙げて
天に哀願する
翁を殺せと
殺してくれと
　　ららりとうとう

死者たちの復権

麿赤兒の舞踏『大駱駝艦』を見て

並んだ解剖台に
顔を押し付けるようにして
死者たちが水をすすっている
永遠をまた取り戻そうと

突然静止していた
オウムが騒ぎ出し
エリマキトカゲの指が痙攣した

マサイの戦士たちが
槍や棍棒を持って反乱を始める
時は今だ
今こそ死者が生者を陵辱する時だ

シャンデリアが煌々とついた
夜のパーティーの室内で
貴婦人たちが棺桶のふちに腰掛けて
カクテルを飲んでいる
ひげを生やした女主人と奴隷が
手を取り合って踊っている
鏡の中の舞踏会に
女神たちの合唱が加わる
マサイの戦士たちがいっせいに矢を放つ

エリマキトカゲはカマキリを捕らえた
なめまくってそれからゆっくりと味わう
それから飲み込み痙攣してのけぞった
そのドサクサのうちに交尾して
受胎した貴婦人が
ダチョウの卵を死産する

白衣の天使たちの
悲嘆の声を尻目に
喧騒の市場は
黒い麦藁帽子をかぶった
女主人と奴隷の欲望が支配する
物珍しげな奴婢は
イチジクをかじりながら
呆けたように盗み見ている

鹿の子《かこ》の着物を着た女主人には
今大蛇の尻尾が生えて
壁をずるずると這い登ってゆく
女主人の怨念は
死者が永遠の水をなめるのを
笑いながら見ている

後は白い木偶《でく》のような民衆が
あちこちの垣根をぶち壊して喰らい
ぼろ切れに火をつける
猛火の中に女主人が
ニタッと笑い
ゆがんだ唇に生唾が光る
復讐は成就されたのだ

Ⅱ　能を語る

春の鼓《つづみ》

花散るや鼓あつかふ膝《ひざ》の上
チ、ポ、と鼓打たうよ花月夜

松本たかし

お能の名家に生まれたが、病身のため能舞台を断念し、独自な透明な世界をひらいた俳人松本たかしに、夜の落花が散りかかっている。潤《うる》んだ春の月のもとに、ややしめりがちな鼓を打つ擬音、チ、ポ、があたたかい慰めを与えてくれるようだ。

私も、折にふれて鼓を打つ。鼓はことに春の夜がいい。忙しい日常の中で、鼓を肩にのせてチ、ポ、とほのかに調べる。チは、右手の薬指で、革の円周部分（革口という）を軽く打つ。このとき左手は、握っているひも（シラベという）をぐっとしめる。ひそかな虫の音にも似た高い衝撃音だ。ポは、いわゆるポンで、右手の指がパラリと革の中心を打つ。このとき左手はシラベをぐっとしめ、そして瞬間的にゆるめる。革は右手が打ったとき緊張し、ついでゆるむ。この一瞬の複雑な操作によって、小鼓独特のポオンというやわらかい多音階的な音が生まれる。

小鼓では、このほかに、ややゆるめた革の中心を人指し指で打つプという音と、張りつめた革口を中指と薬指で打ちこむタという音がある。タを打つときは、しばしばイヤーというかけ声がかかり、これをカシラともいう。小鼓の手というのは、基本的にはこれらの四つの音、チ、ポ、プ、タの組み合わせで構成されているのである。植物のタンポポという名は、この鼓の音から来ている。

しらべるというのは、小鼓の調子をとることで、本当は決まった順序でチポプタを打つ。お能が始まる前、鏡の間からこのオシラベの音が聞こえる。その日のお能の前奏曲である。

私などは、順序にとらわれることなく春の夜の興趣にまかせて、小鼓の革のおもむくまま、チ、ポ、を打つ。シラベのしめぐあいをなおし、呼吸をととのえ、姿勢を正し、革に息を吹きかけてしめりを与えて、おもむろに打つ。ポの抜けるような音、チのささやくような音を右の耳が聞き、そしてゆっくりと幽玄の境へと入ってゆく。

小鼓は、大変デリケートな楽器である。冬と夏ではまるで音が違うし、シラベをしめる具合も違う。天候によっても大いに左右される。明日の天気予報ができるくらいである。真冬だと、少し腰の抜けたような革の方が音が出るし、鳴りにくい革が梅雨時だけは美しい音を出すということもある。さらに裏革《うらがわ》の中心に唾液《だえき》でぬらした和紙の小片を張りつけて、表革《おもてがわ》とのバランスやしめり気を調節する。いい革なのに、胴（木製の部分）をきらって、特定の胴とだけしか共鳴しないようなこともある。そういう相手の微妙なところを知った上で、時々おつき合いして頂くのは、年来の友とよい酒をくみかわすのに似ている。

興趣がわけば、いくつかの手組みをならべてみる。すると幻の笛が聞こえ、大鼓《おおかわ》のカンという衝撃的な音を打つ袂《たもと》の風が鳴り、太鼓の鋭い掛け声が、そしてテンという太鼓の一打が響く。それにさそわれるように私の記憶は呼びさまされて、忘れているはずの一連の手組みがスラスラと出てくる。幻のなかに平家の武者の亡霊が現れ、草木の精の美女が舞い、怨《うら》みの悪霊が足拍子を響かせる。しかし終わってみれば、その幻想はひとときに消え去り、私はただ小鼓のシラベの紐を解くばかりである。

いっとき学生のころは能楽堂にいりびたりだった。あのころ、ひどく人生に悩んでいた。かけもちで一日二カ所のお能を観《み》たこともあった。そのうちむしょうに何かやりたくなった。大鼓方大倉流の達人だった故大倉七左衛門師から、大鼓そして小鼓の稽古《けいこ》を受けるようになったのは、まだ医学部の学生のころだった。

小鼓は、初めは鳴らない。いつ妙音が響くのかと思っていると、あるときふと、突然に鼓が鳴り始める。表革に共鳴して裏革が生きもののように鳴る。いわゆる音が抜けるという、感得の一瞬である。

しかし鳴る鳴らぬなどは本当は問題ではない。やがては大鼓と小鼓の手組みを右手と左手が別々に覚え、両手に持った張り扇で打つ、いわゆる地拍子を打つことができるようになる。いくつかの能の、舞いを含んだ部分を打ちわけられるようになると、いよいよ新しい喜びが得られるようになる。

そもそも謡曲の「拍子合《ひょうしあい》」の部分は、基本的には八拍子に割ることができるのだが、言葉や囃《はや》子《し》の手組みに応じて、それがきわめて複雑に伸縮するのである。それを打ちわけてゆくのが、拍子を習うことの醍醐味《だいごみ》でもある。能の持っているほとんどコスミックといっていいような表現の深さは、実はこの自在な拍子のおかげであるといっていい。

毎週の稽古に汗を流し、京成電車の窓の風をぐっしょりとぬれたえり元に受けながら帰るのが、私の青春時代の楽しみのひとつであった。

そんなわけでもともと大鼓を習うことに始まったのだが、大鼓は打つ前に革を焙《ほう》じたりで、いつでもちょっとというわけにはゆかない。それで同時に教えていただいた小鼓の方を時々とり出して打ってみるというのが習いとなった。

医学生の私に、ちょっと素人《しろうと》への稽古とは違ったやり方で教えてくれた七左衛門先生から、こんなことを聞いたことがある。

太鼓は天から打ちおろす。大鼓は横なぎにする。それに対して小鼓は、下から上に打ちあげる。だから地面から草木の芽がのびゆくような心で打ちなさい、と。

そうすると、太鼓は天からの雨、そして大鼓が地平を渡る風、それもいささかはげしい春一番の横なぎの風で、それに誘われて地に眠っていたいぶきがやわらかく吹きだすのが小鼓であろうか。たしかに小鼓は、ハァ（ホウと聞こえる）とか、ヤァ（ヨウと聞こえる）といったやわらかいかけ声とともに、まろやかに手が打ちあげ、ポオンと春の夜のしめった夜気にとけ込む余韻を楽しむ。

「道成寺」の乱拍子のように、裂帛《れっぱく》の気合いとともに魂を震撼《しんかん》させる激しさを表現するのもあるが、一般には大鼓のシカケに応じて軟らかに答え、曲折に富んだ手組みを綾《あや》なして、草木が萌《も》えいずるように、一曲をとりまく——風景を描き出すのが小鼓なのである。気負うことなく静かに鼓をかまえると、はなやいだ春の夜に空気のようにとけ込んでしまう。

私のような科学の研究といった非情な仕事を持っている者が、その世界だけに沈潜してしまうのは、ときには危険である。実験で頭がコチコチになって帰宅したとき、しばしば私は鼓をとり出す。朧月《おぼろづき》の春の夜など、端座して小鼓をとりあげ、チ、ポ、と調べると、幻想の草木が春の空にのびゆき、幻の女人が月光に舞う。人間というあわれはかないものながら、自由な精神が聖なるものに向かってひろがってゆくのを感じることができる。そしてそれはひたすらに積みかさねてゆく科学という営為を、人間の側から見直してゆく勇気を与えてくれるように思う。

戸井田道三『観阿弥と世阿弥』

『観阿弥と世阿弥』を戸井田道三氏が書いたのは一九六九年、六十歳のときである。世阿弥が彼の芸術論の結論ともいえる『花鏡』を完成したのが六十二歳だから、戸井田氏はほぼその年齢に達していた。

能に関する戸井田氏のまとまった著作は実質的にはこれが最後で、その後は民俗学や色彩、そして無意識の世界といった大きな広がりの中に入っていってしまう。戸井田氏がそれまで考え続けた能に関する結論もこの小さな本に凝縮されているといっていい。

第二次世界大戦で焦土と化した東京で、細々と演能が復活し始めた昭和二十三年、いち早く荒野に呼ばわる者のように『能芸論』(初版は一九四八年伊藤書店から、後に改訂版が勁草書房から出版される)を展開したのは戸井田氏であった。それはいままでにない鋭い感性で能という演劇の復活の可能性を論じたものだが、その底には、日本を戦争に導き国土と文化を荒廃させた日本人に対する激しい告発の響きも流れていた。

戸井田氏は、戦前から戦後に至る長い暗い時代を、宿痾であった重症の結核に、次々と臓器を蝕まれながら病床で過ごした。戦争と病いという二重の死を凝視し、一方ではめまぐるしく起こったドラスティックな価値の転換にさらされながら、戸井田氏の『能芸論』の主題は紡がれていった。戦後三年目に初めて発せられたこの声は、だから、ひからびた地面に初めて降った雨のように能を愛する者の心を潤した一方、伝統という生きた存在の中に、日本人と日本文化の再生の可能性があるかを問うた激しい希求の声でもあった。その時戸井田氏、すでに三十九歳。決して若くない出発であった。

戸井田氏は、その後も長い療養生活の間をぬって、能、映画、演劇、祭などに関する活発な評論活動を行った。喀血と絶対安静を繰り返しながら、一九六四年には『能——神と乞食の芸術』（初版は毎日新聞社、後にせりか書房刊）を出版し、戦後の能楽界に大きな影響を与えた。この書は、戦前からの豊かな観能体験をもとに、現代の能のパトスの根源を民族の記憶の中に探り出した名著である。

その中に「世阿弥元清」という一章が現れる。そこで戸井田氏は、世阿弥の屈折した生涯のアウトラインをたどりながら、これまで資料や伝書の解釈からは隠されていた世阿弥のもう一つの側面に光をあてようとしているのがわかる。たとえば、長男元雅の早世を悼んだ『夢跡一紙《むせきいっし》』の文体に隠された強烈な自意識や、妻寿椿尼との関係などである。それらを読みとることによって、世阿弥をもう一度生き返らせることができるのではないか。

それから五年後の一九六九年にこの『観阿弥と世阿弥』が岩波新書で出版されたが、実は着想はすでに前著の中にあった。この五年間というのは、戸井田氏が自分に課した宿題を解くための時間だったし、『観阿弥と世阿弥』にはその答が示されているはずである。

その答とは何であろうか。『観阿弥と世阿弥』で、戸井田氏は能を大成したこの能役者父子の伝記を書こうとしたわけではない。また戦後次々に見つかった新資料をもとに、新しい世阿弥論を書こうとしたのでもない。南北朝から室町時代にかけての動乱と変革の世界に生きたこの父と子の時間に、戸井田氏自身が直接に参加することによって、彼らから何が教えられるか、それを身をもって問うた書なのである。したがってこの書には、観阿弥と世阿弥に混って、戸井田氏が随所に顔を出す。戸井田氏は、過去形でしか語られなかった観阿弥と世阿弥に、現在進行形で語らせることによって、現代という異なった時間の文化における彼らの存在意義を問いただそうとしたのである。

伝統文化というものを、既存の歴史的事実としてではなく、われわれ自身がそこに参加し乗り越えてゆくものとして把える戸井田氏の視点がここにはある。戸井田氏の著書が、その後の日本の能楽界、能評界に大きな影響を与え、多くの追従者を生んだのは、戸井田氏が初めて、観阿弥と世阿弥の「同時代性」を引き出してくれたからだと私は思う。

『太平記』に描かれた動乱の時代にほぼ重なって生きた観阿弥と、室町文化が咲き誇った貴族社会を泳がねばならなかった世阿弥の間には、三十年の年齢差がある。その間に南北朝の内乱という転換期がはめ込まれている。能の大成者としてひとまとめに扱われるが、この二人は、境遇も性格も個性も全く違う。それが、価値観さえ異なった二つの時代に積極的に生きることによって、何が作り出されたのだろうか。

「今、わたしが試みようとしているのは、彼らが、その時代の言葉と価値基準で語ったことのなかから、何がほんとうの問題であったかを掘り起し、それと当時の歴史的状況とのむすびつきにおいて彼らの身になって問題の意味を考えてみようということなのである。そうすれば彼らの生きかたを主体的にわれわれの問題として受けとめることができる。それはまた、現在われわれが当面している問題とかさねて明日の時代に読みかえることとなるのではないだろうか。」と戸井田氏は言う。何という傲岸。しかし、この覚悟によって、従来の遠い史実上の観世父子とは異なった、己の歴史を積極的に生き、次の歴史を作り出した存在としての二人の人間が浮かび上がってくるのだ。

戸井田氏はまず、世阿弥に比べれば圧倒的に資料の少ない観阿弥を、『太平記』の世界という状況の中においてみる。出自を語る系図をみても、次々に貰われて同業者の間を渡り歩いた下級芸能者の影を背負っている。その観阿弥が大和四座の一つである結崎《ゆうざき》座の棟梁として、乱世の農村の寺社の祭の場を舞台に、芸能者としての自己を確立してゆくのである。それを支えたのは村落の寺社信仰であり、内乱を契機に荘園制から再編成されてゆく農民のエネルギーであった。観阿弥は、村落の神事や物まねを発展させた独自の芸を確立するとともに、曲舞《くせまい》や小歌などの他の芸能を取り入れることによって物語性と音楽性と演劇性を兼ね備えた能の形態を作り上げてゆく。

そこには、乱世を見据えて生き抜く、家父長的な力量と先見性がなければならなかったし、それを求めた農村共同体大衆の圧倒的な支持がなければならなかった筈である。戸井田氏は、『太平記』に描かれたさまざまな事件を背景に、また後年世阿弥が亡父観阿弥の言行をもとに記した『風姿花伝』や、次男元能に語って聞かせた『申楽談儀』を通して、観阿弥が必然的に座の長《おさ》としての自己を確立してゆくのに立ち会うのである。

やがては都市に進出しようとしている結崎座の長としての観阿弥に幼時からエリート教育を受けた世阿弥は、少しちがう。観阿弥と異なって、世阿弥は少年期から貴人と交わり、身分的な抑圧と性的な鬱屈さえ含んだ屈折した少年時代を送ってきた。若くして名声を博し、過重な期待にさらされてはいるが、まだ自分の芸は確立されていない。その世阿弥が、二十二歳で父を失う。この年からは、死んだ父の眼を背後に感じながら自力で新しい時代の芸能を作り出さなければならなくなったのである。

戸井田氏は、このように境遇も性格も異なる父子の緊張関係を南北朝内乱を挟む時代の流れに映しながら、世阿弥による夢幻能成立の過程をたどってゆく。それは「物まね」を基本として観阿弥が作り出した演出術から、幽玄を骨子とした舞歌三体の総合的演劇へと向かう道筋でもあった。父の眼のみる自分を超えて、父とは異なる「私」を確立してゆく。それは、父の本領であった村落の寺社に仕える芸能から、都市の演劇としての能を確立する過程でもある。そして何より重大なことは、もともと亡父の教えを祖述しようとした『花伝』から、世阿弥自身の考えをつきつめた『花鏡』への転換と深化の過程だったことである。

その世阿弥が晩年悲運に見舞われる。七十歳で頼みにしていた長男元雅を失い、その前々年には次男の元能が出家してしまっている。さらに七十二歳の高齢で佐渡に配流される。

しかし戸井田氏は、この時期の世阿弥についてはもう多くを語らない。それは、世阿弥が元雅の早逝を悼んで書いた『夢跡一紙』(これについては前著『能――神と乞食の芸術』に優れた論考がある)ですでに乗り越え、客体化している事柄だったからだ。そこには、自分の悲運さえ客観視している世阿弥がいるのである。

むしろ戸井田氏は、世阿弥のこのような自己客体化を可能にした「離見《りけん》の見」という発見について語って、この本を終らせている。

「離見の見」を説いた『花鏡』は、世阿弥六十二歳の書である。我が眼で己れを見る「我見」を越えて、見所(観客)の眼で自分を見る。その時初めて「見所同心」の見となり、我が姿を見得することができるのだ、と説いた世阿弥は、自分を見る自分の存在、そして私ならぬ私を成り立たせることによって到達できる芸術の極点を見ていた。

戸井田氏がこの本を書いたのは、ほぼこの時の世阿弥の年齢に近い六十歳であった。戸井田氏は、世阿弥の「離見の見」を単なる舞台の上での俳優の心得などとは思っていない。それは、我見を捨ててすべてを見ることができる眼なのだ。戸井田氏のとった立場も、世阿弥と同じく「見所同心」の歴史観だったと言っていい。観阿弥と世阿弥になまの呼吸をさせ、ことを行わせながらも、そこに彼らの参加した歴史の流れを見据えてゆく。歴史という事実のつながりを見ながらも、それを作り出し、それによって変革されたはずの主体者としての人間を見てゆく。

戦後、無数といっていいほどの世阿弥論が出版されたが、戸井田氏のこの小さな本が今でもしっかりと読者の心を把えているのは、「見所同心」の喜びを与えてくれるからであろう。私たちは戸井田氏と「同心」に、観世父子の生きた時代を呼吸し、彼らの問題を現代に引きつけて考えることができる。まさしく「同時代ライブラリー」の名にふさわしい書である。

最後に一言。私が専門外のこの本の解説をお引き受けした理由は、戦後間もなく能というものを観るようになってから、私の観能体験を深めてくれたのが戸井田氏の著作だったからである。この本の中でも、「井筒」「砧」「隅田川」などが、目前に演じられる劇として引用されている。豊かな観能体験が、戸井田氏の論拠を生き生きと支えているのがわかる。

現代の能は、言うまでもなく室町時代の能とは違う。だからといって、現在の能から観阿弥と世阿弥の声を聞くことはできないのかというと、そんなわけではない。それこそ伝統文化というものが、歴史の中で生き続けている証拠なのである。

老女の劇——鏡の虚無

「檜垣《ひがき》」「姨捨《おばすて》」「関寺小町」の三曲を三老女という。能では最奥《さいおう》の秘曲としている。いずれも主人公は、老女、またはその幽霊である。老女というきわめて劇的な存在を発見した能作者は、何という凄《すご》い眼をしていたことであろうか。

就中《なかんずく》「檜垣」は、後撰集《ごせんしゅう》にもその歌を撰《えら》ばれ、美貌と才覚を誇った遊女のなれの果ての老女、しかもその死霊《しりょう》が主人公で、さまざまな見世場に彩られる随一の面白さを持つ。なまなかのシテの及ぶところではなく、戦後も数えるほどしか上演されていない。

肥後の国白川のほとりのあばら屋に、齢《よわい》百歳にも及ぶ老婆が住んでいる。近くに参籠《さんろう》した僧のもとに、毎日閼伽《あか》の水を運んで後生を頼む。僧が老婆の棲み家を訪ねてゆくと、川霧のたちこめた河原に、檜垣をめぐらした藁屋《わらや》のほのかな灯りがみえてくる。そこには老いさらぼえ、やつれ果てた老婆が座っている。

女は、「檜垣姥《ひがきうば》」という瘠女《やせおんな》系の凄愴《せいそう》な面で老いの孤独と地獄の苦患《くげん》を物語り、釣瓶《つるべ》の綱を何度もたぐって、再び深い井の底にはたりと落として、老いの心の深淵を物語る。その井の底に映ったのは、衰え果てた己の姿。やがてあの世からの歩みのような乱拍子を踏み、時の流れが逆行するような序の舞を舞う。

もともと観世流では、現在「道成寺《どうじょうじ》」専用となっている乱拍子を、この「檜垣」で使うことになっていたが、江戸時代より前に途絶えてしまって、「檜垣」の乱拍子を上演したという記録がない。囃子《はやし》方の家に奇蹟的に残された伝書をもとに、観世流の能楽師橋岡久馬《はしおかきゅうま》が平成七年七月に復活した。「道成寺」と違って、孤独と空《むな》しさが響き合う乱拍子である。

「姨捨」は、深沢七郎氏の小説『楢山節考《ならやまぶしこう》』の原典となった棄老伝説をもとにしたものであるが、能では伝説のなまなましい苦悩はすっかり捨て去って、むしろ古今集の歌「わが心慰さめかねつ更科《さらしな》や姨捨山に照る月をみて」に着想を得ているようにみえる。実際舞台では、さんさんとした月光のもとで、現世を超越して聖なるものと化した白い老女が、永遠の時の廻《めぐ》りを体現するかのような太鼓入りの序の舞を舞う。

私はこれまでに記憶に残る「姨捨」の上演を二度見ている。ひとつは昭和三十二年の故橋岡久太郎の舞囃子での「姨捨」。太鼓方観世流の追善の催しだったと思うが、紋服で一曲の後半主要部分だけを舞った。舞台にぽつねんと立ったこの老能楽師の姿は、いまだに眼に焼きついている。月の満ち欠けがそのまま老人の中に収まり、立ちつくした姿はほとんど宇宙の運行のようになった。そのたとえようのない感動は、いまでもありありと思い出すことができる。

その長男の橋岡久馬が、昭和六十三年に「姨捨」を舞った。父久太郎の再現を期待した観客の前で、久馬は父とは全く違う種類の「姨捨」を舞う。

なんという冷たい、痛いような月光であろうか。地表には霜が降りたように真っ白である。そこに、死者の物忌《ものいみ》の世界から迷い出た白い老婆が佇《たたず》んでいる。永劫《えいごう》の彼方から舞い戻って、限りなく現世を懐かしんでいる。つかの間の生命をいとおしみ、残る想いをひるがえしながら舞い続ける。しかし、この霊魂には、本当の救いというものはやってこない。かすかな日光でも射《さ》せば、その形骸は一瞬のうちに消え消えになってしまうだろう。

父久太郎の「姨捨」が、超越と永遠の彼岸を体現した救済の劇だとすれば、息子久馬のそれは、永遠に救済されることもなく、したがって復活することもあり得ない、死者の霊魂のあえぎを実現したのではないかと思う。古代における月が、死者の魂の物忌の世界であったことは、池田弥三郎博士が指摘しているところである。久馬は、父久太郎の救済の「姨捨」の再現を期待していた大方の観客を裏切って、百八十度も違った死者のなまなましい魂の支配する月光の世界に連れていってしまったのである。

「関寺小町」は、百歳の姥《うば》となって関寺あたりに住む小町が、訪れた稚児《ちご》と歌を詠《よ》み舞いを舞うという筋立てに過ぎないが、皮肉なことに三老女のうちではもっとも重く扱われる。重層してゆく老いの底に女の艶まで見ようとするふしぎな作能である。

三老女を演ずる前段として能楽師が挑戦するのが、「卒都婆《そとば》小町」と「鸚鵡《おうむ》小町」である。かつては絶世の美女と世にうたわれた小野小町が、いまは百歳に余る老婆となって、巷《ちまた》に物乞《ものごい》をしながら老残の姿を曝《さら》している。それを題材にした能である。

「卒都婆小町」のほうは、朽ちた卒都婆に老婆となった小町が腰をかけるところから始まる。それを見咎《みとが》めた高野山の聖《ひじり》と、舌端火を噴く教義問答となり、聖をやりこめてしまう。やがては深草の少将の霊に取り憑《つ》かれて狂うという劇的な構成になっている。人気があるのは当然だし、三島由紀夫氏が『近代能楽集』の題材のひとつに選んだのもよくわかる。

それに対して、「鸚鵡小町」のほうはいかにも山場がない。何しろ、陽成院が小町に下しおかれた和歌の一文字だけを変化させて、鸚鵡返しの歌を詠み、あとは中の舞の寸法の静かな舞いを舞うばかりなのだから。

そのため、「卒都婆小町」が中堅クラスの気鋭の能楽師によって、はじめての老女物としてしばしば演じられるのに対して、「鸚鵡小町」の上演は圧倒的に少ない。「鸚鵡小町」、そして「卒都婆小町」とゆくのが順序だというが、たとえ名門のシテでも「鸚鵡小町」は敬遠、省略してしまうのが普通である。

理由は、いま述べたように劇的な盛り上がりに乏しく、劇としての捉《とら》えどころがないからである。「鸚鵡小町」は「つまらない」というのが大方の意見であろう。

本当にそうであろうか。私は「鸚鵡小町」のすばらしい上演を少なくとも二度見ている。それは、つまらないなどという常識をくつがえす名演となった。両上演とも、「鸚鵡小町」のテキストをよく読むことによってシテが発見した恐るべき老いの世界の表出であった。本文をたどりながら、その秘密を探ってみよう。

舞台は、陽成院に仕える新大納言《だいなごん》行家なる公家《くげ》が現れるところから始まる。風折烏帽子《かざおりえぼし》、単《ひとえ》狩衣《かりぎぬ》というやんごとなき貴人のいでたちである。院は、近ごろ気に入った歌がないので、百歳の姥《うば》となって近江の国関寺あたりに住む小町のもとに、行家をつかわしたのだと告げる。詞章は次のように続くが、この中にすでに、小町がやがていとも奇矯なふるまいに及ぶ理由が暗示されているのだ。

「今は百歳の姥となりて関寺辺に在る由聞《よしきこ》し召し及ばれ、帝《みかど》より御憐《おんあわ》れみの御歌を下され候《そうろう》。その返歌により重ねて題を下すべきとの宣旨に任せ、只今《ただいま》関寺辺小野の小町が方へと急ぎ候」。すなわち、憐れみの歌に対する返歌で一応テストした上、もう一度題をくだされて歌を聞こうというのである。

特殊な一セイの囃子で、笠をかぶり杖にすがった小町が現れる。途中で胸杖して長い休息をし、もどかしい老女の足どりである。

本文によれば、顔は皺《しわ》だらけ、凍った梨のようなカサカサの膚《はだ》、生きることに飽いて死を望みながらも永らえ、感情のコントロールができないため、とうとう頭がおかしくなったと人にいわれている。そういう小町である。

その小町に、使者は残酷なことをいう。物乞をしているといっても、関寺住まいは風流ではないか。歌さえ出かかって出ないと小町の訴えも、「げに尤《もっと》も道理なり」とひと言で片づけてしまう。

この「げに尤も道理なり」という行家の言葉に、「鸚鵡小町」の真意を発見したのは、観世流の関根祥六《しょうろく》の卓見である。

憐れみの歌といい、一度テストした上でもう一度御題をくださるといい、胸につかえる物言いの連続だったが、そこへもってきて「げに尤も道理なり」とは。ここで小町は意を決して、帝の歌、「雲の上はありし昔に変わらねど見し玉簾《たまだれ》の内やゆかしき」を、自分では眼もくれず、行家に詠じさせた上で、一字だけ「内ぞゆかしき」に変えた鸚鵡返しの返歌をするのである。関根は、「げに尤も道理なり」の一句をもとに、「つまらない」はずのこの曲を、老女の激しい思いのこもった劇に転換したのである。

転換はそればかりではない。「や」と問われて、そっけなく「ぞ」と答えた瞬間、老女には突然、現在の老いに対比された過去の華やかな玉簾の内の映像が見えてくるのだ。鏡に映し出された黒い老女の姿は、すでに艶《なま》めかしい色好みの美女に変容している(物着《ものぎ》)。

関根は、葛《かずら》に舞う蝶の刺繍のある鮮やかな青緑色の長絹《ちょうけん》を着ることによって、一瞬の間にこの鏡を通り抜けた。老いと死を映していたはずの鏡には、逆に若さと生命が宿っている。驕慢《きょうまん》の美女小町は、いま昂然《こうぜん》と過去の架空の時間を舞うのである。

一九六八年の橋岡久馬の「鸚鵡小町」では、舞いにかかる前に大きく右に廻り、脇正面《わきじょうめん》に足を踏み出しハッとさせた。瞬間老女は鏡を通り抜け舞踏する肉体となった。左右逆転したような舞いの中で、マラルメの鏡に映った虚無が舞っている。過去から現在を、死の側から生命を見たような不思議な舞いである。段のオロシごとに逆に静まってゆくこの舞いでは、時間が逆流する。こちらは色褪せた藤色の長絹。そこに浮かび上がるのは、小町が玉津島の明神の祭りにまで追っかけていって目撃した美青年在原業平《ありわらのなりひら》が舞った法楽の舞の、白黒写真の幻影なのである。

しかしそんな映像は瞬く間に消えてゆく。三段の舞が終わると、つぎはぎだらけの現実がしらじらと見えてくる。時間のフィルムは再び急速に巻き戻され、「かほどに速き光の蔭《かげ》」に現れるのは現実の老婆の姿である。「あら恋しの昔やな」と嘆いても、もう幻影は再び現れない。杖に縋《すが》って立ちつくす老婆は、明らかに別の時間を生きている行家を見送り、関寺のあばら家に留まるほかはないのだ。

「鸚鵡小町」、それは鏡の虚無の劇である。

能を観《み》る

能楽堂にゆく。

特にお目当ての能があるときもあるし、そうでないときもある。後ろの方の空いている座席にかけて、みるともなく舞台を眺める。

何というふしぎな空間であろうか。ホールの中には、四本の檜《ひのき》の柱に支えられた大屋根を持つ木造の家が建っている。これが能舞台である。お宮のようにも見えるが、三方吹き抜けで、正面の板（鏡板）には大きな松が描かれているばかりだ。

舞台から左に向かって木の橋のようなもの（橋掛かり）が見える。橋の向こうには美しい五色の布（幕）が掛かっている。その向こうは暗がりで何も見えない。

客席は、四角い舞台を三方から囲むようにしつらえてある。客が大勢いれば、お祭りのお神楽《かぐら》を見に来たようなにぎわいがある。客が少なければ、静かなお宮に詣《もう》でたような安らぎを覚える。

しばらくすると、幕の向こうから笛の音が聞こえてくる。すると鼓《つづみ》がポン、ポンと打ち始める。カチン、カチンと高い音が響くのは大鼓《おおかわ》である。ときには、テーン、テーンと太鼓の音が混じる。

「お調《しら》べ」といって、楽器の調子を調《ととの》える、当日の前奏曲である。

がやがやしていた客席が段々と静まってくる。と、幕の片隅がちょっと動いて、紋付袴《はかま》の一人の男（笛方）が静々と歩み出る。客席など目もくれず真っ直ぐに舞台に向かって進む。約一間おいて、同じく紋付の男が進み出る。手には小鼓を持っている。そのあとは大鼓、これはやや大股《おおまた》に。そして太鼓方が続く。それが、一定の距離をおいて静々と舞台へと進む。

笛方が舞台に達するころ、まるでいい合わせたように、右手奥の小さな引戸が音もなく開き、紋付の青年が体をかがめるようにして現れる。次々に八人の男（地謡方《じうたいかた》、合唱隊）が現れ、舞台右の奥まった一画に、二列になって座を占める。これらが無言のうちに、まるで儀式のように進行するのだ。観客は息をのんで、舞台で何が始まるかを注目している。

ヒイー。甲高い笛の第一声が響き渡る。すでに床几《しょうぎ》に腰をかけていた大鼓と小鼓が打ち始める。規則正しいビートではない。波が押し寄せるような、風がそよぐような、炎がゆらぐような、ふしぎな間をおいて、ヤアー、オー、といった掛け声とともに打音が響く。遠い、忘れ去った原体験に引き込まれるようなリズムである。笛がところどころで叫びをあげ、それが途切れたところには深い沈黙がある。

やがて、橋の向こうの幕が内側に引かれ、引き揚げられる。その暗がりには、はるかかなたからやって来た旅の僧（ワキ）が立っている。静かに静かに、村人が待つこの村にやってくるのだ。永い永い旅だった。孤独な影をひきずった旅の僧は、橋を渡って、いま私たちの住むこの里に到着し、これから起こる舞台上の劇に、私たちの代表として参加するのである。

能の「劇」はこうして始まる。登場人物たちは皆、橋の向こうの暗がりの中から現れる。ときにはあの世からの幽霊の姿で、ときには何百里も離れた里から我が子を求める狂女となって、ときには聖なる世界から天降《あまくだ》る神として、ときには美しい花の精霊として、橋を渡ってやってくる。「あのひとたち」は、舞台という私たちのいる「この世」に到着すると、私たちの代表として旅の僧（ワキ）と出会う。「あのひとたち」は、あるときは成仏できない苦しみを嘆き、あるときは奥深い心の悲しさを訴え、あるときは聖なる心の現れを、あるときは人間の煩悩の苦しみを、女の嫉妬を、男の誇りや執念を、老いの嘆きと超越を現して、静かにまた別の世界、すなわち橋の彼方へと消えて行く。

私たち観客は、僧といっしょにこうした「あのひとたち」に出会い、彼らの喜び、嘆き、さらにもっと奥深い情念や、解決できない悩みに参加する。「あのひとたち」が再び幕の向こうの暗がりの中に歩み去っても、きっと私たちは、「あのひとたち」との邂逅《かいこう》を忘れないだろう。お能は、まさに「あのひとたち」と出会い、交流を持つ経験なのである。

私たちがわざわざ能楽堂に会いに行く「あのひとたち」とは、どんなひとたちだろうか。

それはおおざっぱにいって三種類のひとたちである。

まず第一は、天降る神々や精霊である。日本人は、山や巨木、海や生物、そして雪や風などの自然現象の中にカミを発見して来た。ヒトも死ぬと山にゆき、カミになる。それらの神々は、お祭りのたびに村々に現れ、自然と人間の営みに参加する。身近にいながら、私たちはふつうに見ることができない神々に、どうしたら出会うことができるのか。

室町初期に、寺社の神事から発展した原始的な能は、まず能役者の体にカミを宿らせ、それを観衆に顕現させることで、民衆のカミに会いたいという願いを達した。ときには聖なる神の本体を現し、ときには荒々しい鬼神の姿となって、またときには美しい精霊を登場させることによって、超自然の神秘や恐怖を、聖なるものの恵みと救いを、人々に思い知らせたのだった。

第二のカテゴリーの「あのひとたち」は、幽霊である。物語や伝説で聞いた美女たち、戦いに散った平家の公達《きんだち》、罪を犯して地獄に堕《お》ちた男女、ときには怨《うら》みをのんであの世をさまよう不幸な女の霊などが、あの橋を渡ってこの世に現れる。霊たちは、自分の生前の姿を見せ、そのときのことを物語り、救いを求めながらあの世に去ってゆく。

観客はそこに、会ったこともない先祖の霊や、不幸なできごとで死んだ身近な人びとなどを投影させてみる。それによって、「あのひとたち」のかつてのできごとを追体験し、救いと奇跡を求める祈りに参加するのだ。

第三のカテゴリーは、いま現実に生きている「あのひとたち」である。私たちと同じ時代に生きているけれど、明らかにわれわれとは異なったふしぎな体験をした人たちがいる。何らかの事件に巻き込まれたり、歴史の渦に直接巻き込まれたため、通常ではあり得ないような異常な体験を持った人たちである。愛する子供を失って常軌を逸した行動をしている狂女、臨死体験の男、戦いに敗れた英雄、愛する者との離別や再会、嫉妬や復讐。私たちの周辺で起こっているさまざまな事件を介して、人間の本性が現れてゆく。当時の三面記事に類したものから現実に起こった歴史的事件に至るまで、その当事者にやってきてもらい、語ってもらう。そんなヒーローたちに、人々は出会いたいと願っているのだ。

能楽堂に足を運ぶのは、実はこうした通常では会うことのできない「あのひとたち」に出会い、その体験をつぶさに聞き、その苦しみと救いに、精神的な高揚と超越に、触れてみたいからなのだ。

そんなことを考えながら見るともなく舞台を眺めていると、もう「あのひとたち」が物語りを始めているのに気づく。地面の底から響くような声で、かつてのありさまを物語っているらしい。

たとえば、名曲「杜若《かきつばた》」だったとしよう。沢一面に咲き誇るカキツバタの花の向こうから一人の里女が諸国一見の僧の前に現れる。『伊勢物語』のかきつばたを詠《よ》み込んだ古歌「からころもきつつなれにしつましあればはるばるきぬるたびをしぞおもふ」は、在原業平《ありわらのなりひら》が旅の心を詠んだ歌だと僧に教え、舞台の奥深くに退く。

そこで、高子《たかいこ》の后《きさき》が着たという美しい唐衣《からごろも》を模した長絹《ちょうけん》に着がえ、若い貴族の冠《かぶ》るエレガントな初冠《ういこうぶり》を付けて僧の前に再び現れ、自分はカキツバタの花の精であると名乗る。花の精は、業平と高子の后との不倫の恋の物語を語り、業平をめぐるさまざまな恋の話を回想しながら、やがて静かな「序の舞」という舞いを舞い始める。

笛がりょうりょうと吹き始めると、大鼓と小鼓が掛け声をあげ、まるで何ものかを呼び出すかのように、静かな「序」の拍子を打ち始める。男装の女人は、その音に引かれるように真っ白い足袋の足を前にすべらせ、爪先《つまさき》をわずかにはねあげる。この足はいま、静かに異界の中に踏み込んでゆく足なのだ。

いつ果てるともしれない静かな舞いが、少しずつ時間を速めながら進んでゆく。私たちは、いつの間にか現実の時間とは違った時間を呼吸している。眠りに引き込まれるような、またその眠りを突然引き破るようなふしぎな白々とした時間。ああ早く覚めればよいという気持ちと、いつまでもこのまま続いてくれと願う矛盾した気持ちが交錯する。本当に眠ってしまってもよい。それでも心に残るものは残るのだ。

いまそこに舞っているのは、本当にカキツバタの花の精なのだろうか。業平の恋した高子の后だろうか。はたまた初冠に狩衣《かりぎぬ》を着て、宮殿で五節《ごせち》の舞いを舞った美青年業平その人であろうか。男装の麗人は、袂《たもと》をひるがえしながら私たちの意識の空隙《くうげき》に入り込もうとしている。それでも舞いは確実に終わる。花は声をあげ、名残を惜しむかのように僧に語りかける。

地謡（合唱）がそれに続く。

「浅紫の杜若の花も悟りの心開けて
すはや今こそ草木国土悉皆《しっかい》成仏の

御法《みのり》を得てこそ失《う》せにけれ」

長絹という薄い衣の袖《そで》をひるがえして舞い納めた花の精は、いま蝶が羽根をたたむかのように、あるいは夕暮れの花びらが音もなく閉じるかのように袖をたたんだかと思うと、静々と橋の上を去ってゆく。静まりかえった客席にはほっと溜息がもれるが、拍手などまだない。それが幕の向こうの暗がりの中に消えてゆくのを、私たちは静かに静かに見守っているのだ。「あのひと」は、時の流れの彼方から現れ、自然のめぐりのような美しい舞いを舞って、いままた時の流れの彼方に去ってしまった。しかし私たちの心の中に、「あのひと」の姿は永遠に生き、舞い続けるであろう。

能楽堂という特異な空間を通して、私たちはさまざまな「あのひとたち」と出会う。必ずしも異界からの使者たちだけではない。ときにはごく身近に住んでいた人たちの、どうしようもない悲しみやつきあげるような喜びを聞く。すさまじい嫉妬や呪《のろ》いの声、母のすすり泣きや愛の喜びを聞く。ただ明らかなことは、「あのひとたち」が、決して日常性の中に没していないということである。「あのひとたち」は舞台の上で、人間の生き死にのすさまじさ、愛や憎悪《ぞうお》、戦いの悲惨さ、さらにはそれらを超越した境地や隠された聖性など、極限の人間性を伝えるために現れるのだ。だから「あのひとたち」は、面《おもて》という特別な顔をつけている。日常の人間の表情を超えて、さまざまな普遍的なものを語りかける、面という極限の顔を持たなければならないのだ。

面は、わずかな角度の変化や左右の運動で、隠微な、ときには強烈な感情を表現する。しかしその感情というのは、観客自身が感知するおのれの心の動きなのだ。面を自分の心という鏡に映してみて、観客みずからが作り出している表情なのである。表情は初めから能面に刻みこまれていたわけではない。

能における動きも日常的な動作ではない。数百年にわたって鍛錬してきた能役者の身体が、抽象的な身体運動としての型を組み合わせ連続させることによって、日常を超えた人間の本性をふちどってゆく。最小限の動きで、観客の心の中の劇を呼び覚ますのだ。

何ひとつ飾りのない吹き抜けの舞台に、鍛え込まれた肉体が、美しい能装束を直線的に身にまとって、異次元の面をつけて現れる。抽象的な型の連続の中についに「あのひとたち」の心と行為が現れる。それを読みとるのは、観客自身の参加する心である。そこに、いかなる情念の劇を観《み》ることができるか、人間のいかなる本性がさらけ出されるのか、そして、救いと慰めは得られるのか。それらは、観客自身が発見するのである。

能楽堂にゆく。

お目当ての能があっても、そうでなくてもいい。ときには魂をゆさぶられ、ときには深い眠りに落ちる。そこには、ふしぎに物を考える空間がある。現実と空白が入り交じるふしぎな時間が流れる。そして、めったに会うことのできない「あのひとたち」と会うことができる。

その出会いのために能楽堂にゆく。

能の本を書く事——世阿弥の『三道』をめぐって

「能の本を書く事、この道の命なり」と世阿弥は力をこめて書いている（『花伝第六　花修《かしゅ》』）。「この道の命」とまで言うのにはそれだけの理由があったはずである。

世阿弥が生きた時代、田舎の祭りの芸能に過ぎなかった猿楽が、ようやく貴人の賞翫する都市の演劇に発展した。その一座の棟梁となった世阿弥が、時代の先端をゆく演劇活動を続けてゆくためには、「能の本を書く事」すなわちすぐれた台本を創作することが生死をかけた大事だった。異なった座（劇団）が、同じ舞台で立合《たちあい》（競演）することがしばしば行われていた当時は、それぞれの座が独自のレパートリーを持っていること、そして折にふれて話題作を上演することは、座の生き残りのためにも絶対に必要なことであった。

こうした背景だから、世阿弥の時代には能の創作がさかんに行われた。さらに古作の改作などは常時行われていたらしく、「自然居士《じねんこじ》古今あり」というように、先人が作った能に手を加えて、時代に合った演出をすることは日常のことだったようである。

世阿弥自身もすぐれた劇作家で、多くの作を残している。確実に彼の作とされている「高砂《たかさご》」

た名作である。

「屋島」「井筒」「砧《きぬた》」「山姥《やまんば》」等、いずれも類型にとらわれることなく、劇的展開と美がマッチした名作である。

当然世阿弥を乗り越えそれに勝つために、非世阿弥型の能も数多く作られていた。才能を惜しまれながら早世した世阿弥の嫡子十郎元雅も、ひときわ個性的な能を残しているが、世阿弥の殻を意識的に破ろうとしていた形跡が窺われ、おそらく父子間には芸術上の意見の違いや確執さえあったものと思われる。世阿弥の娘婿金春禅竹も、禅竹風とでもいうべき独自の類型を作り出した。

他の座や、芸系を異にした丹波猿楽の座では、明らかに世阿弥の能とは風体の異なる能が創作されていた。やや時代が下がれば、劇的な場面展開を取り入れた観世小次郎信光や、古作をひとひねりした金春禅鳳《ぜんぽう》の作など、趣向を新たにした新作が誕生していった。

それと同時に、時代的必然性を失った能は次々に廃曲となっていった。世阿弥の自信作、「逢坂物狂」や「実方」なども十五世紀末には上演が途絶えた。能はいまのように固定したものではなかったのである。

近世に至っても、能の創作は衰えることなく続いた。能を熱愛した豊臣秀吉が、自分の功績を讃えた十曲にも及ぶ新作能を作って自ら上演したことは有名であるが、江戸期に至っては、文人、国学者、能役者、素人に至るまでが能の創作に励んだ。『未刊謡曲集』(古典文庫)で、その発掘を精力的に続けておられる田中允氏によれば、現行曲に含まれていない謡曲台本は二千数百曲に及ぶという。

近代、すなわち明治以降に書かれたいわゆる新作能は、台本が確認されているだけで二百余番に及ぶ。明治以後百三十年に及ぶ日本近代史の中で、この二百余番というのが多いのか少ないのかは断定しがたいが、少なくとも「この道の命なり」と世阿弥が力説したほどの役割を演じていないことは確かである。

日清日露、第二次世界大戦という戦時下で戦意昂揚、国体宣揚型の新作能が多く作られた反面、能を愛した詩人、作家らによって、歴史上の人物などを主人公とした世阿弥型の懐古趣味の新作能が多く作られた。またヨーロッパの詩や小説に題材をとった全く新しいスタイルのものも現れた。戦後は新しい演劇運動としての新作能も作られ、その延長上に三島由紀夫の『近代能楽集』のような収穫も得られた。

私自身も、脳死と心臓移植の問題を考えるための「無明の井」、朝鮮人強制連行を主題にした「望恨歌」の二つの新作能を書き、数度にわたって上演した。「無明の井」は、ニューヨーク等米国諸都市を巡演し、その翻案劇が、サンフランシスコで現地の劇団によって英語で上演された。

そうした経験から、世阿弥の「能の本を書く事」について考えてみたい。

世阿弥は、「この道の命」としての能の本を書くための秘訣を、『三道』の「種作書《しゅさくしょ》」の項で事細かに述べている。記述はきわめて具体的で、一種能作のためのマニュアル的でさえある。

まず最初の総論に当たる部分で、題材に当たる登場人物（種）としては、天女や女神、優美な貴族、遊狂人、古典に現れる女性など、元来舞わせてよし謡ってよしというのを選べという。それを序破急というドラマツルギーにあてはめて構成し、美しい言葉（書）を選んで書くがよいというのである。

しかし、この指示通りに書いたならば、必然的に類型的な駄作が生まれるに違いないと私は思う。こんな安易なことでどうして感動的な劇が書けようか。世阿弥は本気でこれを書いたのだろうか。そうだとしたら、何と底意地の悪い指導法だろうか。

しかしよく読んでみると、これとは裏腹な一節も出てくる。「また、作り能とて・さらに本説《ほんぜつ》もなき事を新作にして、名所・旧跡の縁に作りなして、一座見風《けんぷう》の曲感をなす事あり。これは、極めたる達人の才学の態《わざ》なり」。『花修』ではあれほどまでに本説（典拠）にこだわっていた世阿弥が、その例外の方をあげて、「曲感」（びっくりするほどの感動）を起こさせるものとしているのである。

さらに、『花修』で「この道の命なり」と言ったあとで、「極めたる才学の力なければども、ただ工《たく》みによりて、よき能にはなるものなり」としていたのに、ここでは「極めたる達人の才学の態なり」としている。皮肉に考えれば、世阿弥は、月並みな駄作がどうしてできるかを、才学のない能作者のやり方を事細かに書くことによって教え、本当はずっと困難な創意ある作能のあるべき姿を逆に暗示しようとしたとも思われるのである。

「種作書」の後半では、それぞれの種（題材）について、具体的な作例をあげて説いているが、前半の総論で述べていた類型的な種とは明らかに違う例をあげている。前半では現れなかった男物狂、女物狂、山姥、鬼といった異風の「種」の書き方をていねいに述べ、さらには特定の役者に合った能を書くことや、クライマックスの作り方、効果的な音楽の利用法まで助言している。世阿弥は、才学を望むことができなかった一座の後進、次男元能《もとよし》のために、最低限安全なやり方として「種作書」を書き与え、同時にそれを超えるための方法も暗示しようとしたのではないだろうか。

現代においても、毎年のように新作能が上演されてはいるが、「この道の命」となるようなものは生まれていない。作者がどんな工夫をこらしていても必ず類曲があって、「種作書」の類型から免れていないのだ。それほど『三道』の呪縛は強かったのである。

世阿弥が「作り能」といったのは、かつて誰も題材にしたことのない、時代的必然性を持った主題を、全く類曲のないような形で創造することだったと思う。『三道』を超えることこそ能が本当に生命を持って、時代を生きのびてゆくために必要なことであろう。

脳の中の能舞台

厳島神社の海の上の能舞台で上演された友枝昭世師の「融《とおる》」を見た白洲正子さんから、お手紙を頂いた。折しも大潮がひたひたと寄せてくる海上に月が昇り、前シテの尉《じょう》が、「月こそ出でて候へ」とそちらを見やったこと、舞台すれすれまで出て、寄せてくる潮を水面近く桶を下ろして汲んだことなどが書かれていた。

「大変疲れましたが、美しいものを見ると元気になります」とお手紙は結ばれていた。

読んでいるうちに、急用のためご一緒できなかった私の脳の中に、まるで「起こし絵」のようにパタパタと厳島神社能舞台が組み立てられ、月さえかかって、月光のもとに舞い続ける融の大臣の姿が見えてきた。そして融の「懐かしの面影」が消えた吹き抜けの能舞台の向こうの海上に、月の影だけがしばらくゆらゆらと揺れ、脳の中の能舞台とともに消えていった。

私は白洲さんに、脳の中の能を見せて頂いたお礼の返事を書くとともに、今度は数日をへだてて私の方が見た佐倉城址の薪能のことをご報告した。晩秋の肌寒い夜風の中で演じられた、橋岡久馬師の「殺生石《せっしょうせき》」である。

前シテの妖しい美女が作り物の石の中に姿を消すあたりから、にわかに風が強くなった。船の帆の形をした黒い作り物は風でわなわなと震え、後見が吹き飛ばされないように必死で押さえていた。間《あい》狂言の語りが終わって出端《では》の囃子となり、震え続ける作り物の中から、後シテの「水に音あり。風は大虚に渡る」という謡が聞こえた。その時、突然一陣の強風が吹き、舞台後方の大木から落葉がいっせいに散ってきた。と、押さえていた作り物の石は、こらえ切れずに二つにはじけ飛び「像《かたち》を今ぞ現す石の、二つに割るれば石魂忽ち現れ出でたり」と、赤頭《あかがしら》(赤い毛の鬘)を風になびかせ、金泥あざやかな「牙飛出《きばとびで》」の面が、かがり火にギラリと浮かび上がった。そこに黄金色の落葉がパラパラと降りかかる。自然のなした魔法の演出であった。

その日の橋岡久馬師は、次々に奇手妙手をくり出し、橋掛りに走っては、扇を逆手に腹にあて、「矢の下に、射伏せられて」とのけぞりざまに仏倒れをみせ、すぐさま立って前勾欄に足をかけて見廻し、舞台に戻って一畳台に飛び上がって安座、両袖をパッと頭上にかついで「約束堅き石」となってうずくまり、さらに飛び降りて片袖返して止めた。近ごろ、出会うことのなかった興奮の連続で客席からは時々拍手さえ起こった。

そんなことを書いているうちに、私には再びその日の興奮がよみがえり、さらにはこれまで何度か見た「殺生石」のさまざまな場面が私の脳の中の能舞台で再演され始めた。金剛流の「女《にょ》体《たい》」の古代宗教的妖しさや、新作の面を使った鮮烈な白頭《しろがしら》の「殺生石」など、それぞれの演者が工夫をこらして、魔界の精霊をこの世に呼び出してくれた。私は能楽堂に通っては、その時々に異なった姿の霊に出会ってきたのだ。そのいくつかは今でもありありと脳の中の劇場で再演することができる。

私にとっての能の愉しみは、こうした舞台に直接に接することのほかに、その時の記憶を脳の中の能楽堂でもう一度演じてみることにもある。よい舞台を見て帰宅し、家人が寝静まったあと一人机に向かい、あるいは独酌しつつ、今日のお能ではこんな鮮明な型があったとか、あの装束の模様にはこういう暗喩が秘められていたなどと、ゆっくりと思い描く。

「独座観念」というお茶の方の言葉があるそうだ。お茶会が済んで、亭主は遠く去ってゆく客を見送って一礼し、茶室に戻って独り端座して自分のための茶を点てて服し、今日の茶席のことをあれこれ思い出し嚙みしめながら観念するのが、茶の無上の喜びだという。

私の「能の愉しみ」には、この独座観念に似たところがある。美しい能の舞台が終わったあとは誰にも会いたくない。静かに退去し、さっきの舞台の余韻を壊さないように帰路につく。そして独座して観念する。

時には、いっしょに舞台を見た気の合った友人と静かに一献しながら語り合う。私たちの脳の中の舞台では再び幻想の女人が同じ舞を舞い始めている。会話も、独酌の独り言も途絶えがちだが、脳の中の劇場では笛の音が聞こえ劇が進行している。

今は「井筒《いづつ》」のキリらしい。紫の長絹の左袖がひるがえり、女はツッと井筒の作り物に近づいたと思うと、薄《すすき》をかきわけ、立ったまま井筒をのぞき込んでいる。そこには何が映っているのだろうか。何も見えるはずはない。ただの暗闇があるはずだ。闇だからこそ何だって見える。見えぬものを見てしまったからには、女も消滅しなければならぬ。

女は立ち上がって片袖をあげ、旋回するような形をした。ゆらゆらと波紋が広がって、あっ、水面に映った女の影が壊れてゆく。地謡が遠くで謡っている。「夢も破れて覚めにけり、夢は破れ明けにけり」。脳の中の劇場も、幻影の女も消え、独酌の酒も底をついて私の独座観念の夢は覚めるのである。

日本の伝統

異国を旅すると、それぞれの国が特徴のある伝統を持っていることに気付く。伝統を知ることは、その国を、そしてその国の人を知ることである。

イタリアでは、どんな小さな村に行ってもその地方の守護聖人を祭った祠《ほこら》があり、毎年決まった日にそのお祭りがある。たとえば北イタリアのフェラーラという町では、悪龍を退治した勇武の聖人聖ジョルジョが守護聖人となっており、その激しい気質がこの地方の人々にも受け継がれている。ルネサンスのころのこの地方独特の絵画も、波乱の生涯を送ったフェラーラ出身の怪僧サボナローラもこれにつながっている。

アジアの国々にもそれぞれ伝統がある。豊かな自然にはぐくまれた仏教国の穏やかな微笑み、苛酷な気象と厳しい生活環境の中で生み出されたヒンドゥーの宇宙観、広大な天地と悠久の時間の中で人の道を求めた中国の思想など、二十世紀末のいまに至るまでその国の人々の考え方や生き方を規定している。

日本にも、わが国独自の豊かな伝統があることはいうまでもない。四季がはっきりしているこの国では、古代から人々は自然と自分を一体化して、四季のめぐりの中に人間の姿を見てきた。降りしきる雪、そこに準備される芽生え、そして花、豊かな実りと収穫、月に映える紅葉、やがて落葉は地中の根に還り次の春を待つ。こうした自然の営みは、豊かな伝統芸能の主題となって、私たちに深い感動を与え続けてきた。

中でも、私が注目したいことがある。日本の芸能の中には、「老い」という主題がみごとに結晶となっていることである。

能の「翁《おきな》」はいうまでもないが、神様が顕現する「高砂《たかさご》」や「老松《おいまつ》」など祝言の能の前シテはたいてい老人の姿で現れる。「老い」というのはまず、めでたい寿《ことほ》ぐべきことなのである。それは「老い」を醜悪で忌み嫌うべきものとする西欧の考え方とは明らかに違う。

その上「三老女」と呼ばれている「姨捨《おばすて》」「檜垣《ひがき》」「関寺小町《せきでらこまち》」などは、皮肉にも究極の秘曲として尊重され、最高の芸位に達した者しか上演が許されない。その伝統は、長唄や各種の浄瑠璃などにも受け継がれ、それぞれの芸能で最奥《さいおう》の境地を示す曲目となって定着してきた。歌舞伎の「三婆」もこれに準ずる。

棄老伝説という凄まじい主題を、月光のもとに舞う白衣の老女の姿を借りて、死と超越の宇宙観にまで高めた「姨捨」。若かりし日は驕慢の歌詠みであった年老いた白拍子の霊が、川霧の立ちこめたあばら屋で永遠に釣瓶《つるべ》の水を汲み続ける「檜垣」。そして百歳の老婆となった小野小町が、七夕の夜に稚児の舞に誘われて寂々とした舞を舞う「関寺小町」。いずれも人生そのものを老いの彼方から観照した奥深い曲である。老女という存在に人生のドラマを発見し、美をここまで深化させてきた日本人はすごいなと思う。

なぜ日本人は、西洋人と違って「老い」の美と価値を発見し、それを最高の芸術にまで高めることができたのであろうか。それは、日本人が時間というものをたんに過ぎ去ってゆく物理現象とだけとらえたのではなくて、時の流れによって積み重なってゆく自然の記憶のようなものを発見したからではないだろうか。蓄積された時間の記憶に人間の一生を重ね合わせ、老いの姿にあらゆる喜怒哀楽の結実を眺めたからではないだろうか。

だからこそ、百歳の小町の寂びた舞の中には、かつての若さの華やぎが見え、捨てられて山と化した老女の姿に、人生の起伏とたとえようもない懐かしさが凝縮して現れる。水を汲み続ける老女には、人間の業の究極のドラマが秘められているのだ。

そして老人は死んだら山にゆく。村々の祭りには、その魂が神の姿を借りて戻り、村人に真実を語りかけてくる。だから老いることは神に近づくことでもあった。「翁」や脇能（神の現れる能）はそれを表している。

いま高齢化社会などといって、老人を厄介者扱いにしているが、日本の伝統はけっしてそうではなかった。老いの姿に人生の究極の味わいを見出し、そこに時間の記憶という価値を与えて敬ってきたのだ。西欧には見られないこの伝統的な価値観を、私たちは忘れてはなるまい。

姨捨

開通したばかりの長野行新幹線に乗れば信州上田までは一時間ちょっとである。高崎を過ぎると武骨な関東の山とは山容を異にしたなだらかな信州の山並が見えてくる。列車は峠の稜線が重なり合った信濃の国里に迎え入れられる。空の色が一段と深くなって、秋の日差しが急にまぶしくなった。

上田でしなの鉄道に乗りかえる。四つ目の駅が屋代。「田毎の月」で名高い更埴《こうしょく》市（現・千曲市）の入り口である。列車を降りるころには十月の太陽はぐっと傾いて、向かいの山の稜線をひときわ輝かせた。

今夜、この更級の里姨捨山のふもとで世阿弥作の能「姨捨」が上演される。演者は観世流の鬼才、橋岡久馬七十六歳である。私たちは午後の新幹線に乗って、この能を観るために更級の里まで来た。

「姨捨」といえば能では最も重く扱われている「三老女」のひとつ、めったに上演されることはない。『大和物語』にある姨捨伝説に題材をとっているが、能では、老人を山に捨てるという凄まじい主題を、月光の下に舞い続ける白衣の女人の姿を通して、死と超越の形而上的世界にまで高めた。橋岡さんは、およそ十年ほど前に東京の水道橋の宝生能楽堂で披演し今回は二度目の上演である。この前も感動したが、今夜はどんな「姨捨」になるであろうか。

車中左手に冠着山《かむりき》（姨捨山）が見えて来たとき、同行した雑誌の編集者Mさんがポツリと言った。

「母をこの近くの病院に入院させたとき、病室のカーテンを開けると向こうに山が見えたので看護婦さんに聞いたら、姨捨山と言ったんですよ。ドキッとしました」

「姨捨」が信州で上演されることを半年ほど前彼女に話したとき、Mさんは即座に観たいと言った。

「わざわざ信州までですよ」

と念を押すと、

「ええ、わたし母を姨捨同然に信州の病院に入院させたことがあるものですから……。リハビリのためといって入れたんですけど。やっぱり姨捨だったんですね」

Mさんは少し淋しそうに笑った。

能は、五時から更埴市の市民会館のホールに作られた仮設舞台で演じられる。夕暮れまではまだ間があるので、千曲川の向こうの稲荷山温泉の宿まで車を走らせる。橋を渡る途中で、タクシーの運転手が指さした左手にひときわ突出した冠着の峰が見え、そのふもとになだらかな丘のように姨捨山が寝そべって見えた。

「ここまで来ると日差しが違いますね」とMさんが言った。たしかに野を渡る風までキラキラしている。川瀬の薄がなびいて信州は秋の真っ只中にあった。

夕暮れ、市民ホールはほぼ満席の盛況だった。東京からも何人かの友人が来ている。名古屋から来たK夫人、高松からのFさんの華やいだ姿も見える。K夫人は、数年前長い病床にあったお姑さんを看送ったので、ようやく家をあけることができるようになりました、と挨拶された。Fさんの方は子育てをおえて、いまはますます華やかな後半生を送っている。

演能はまずこの地方で謡曲を習っている方たちの連吟から始まった。裃に威儀を正した老人たちの謡。黒川能に通ずるような土俗的な声のナビキ。東京では聞くことのできない古風な拍子あたりののびやかさが私たちを暖かく包んだ。しかし紋服の袖からのぞく老人の節くれだった手は、まぎれもない農民のものだった。

狂言が終ったあと、席を立ったFさんが華やいだ声で帰ってきた。

「先生、お能が終ったら月を観に行きましょうよ。いま外に出たらすばらしい満月が上ったところなの」

別に満月に合わせて企画したわけではなかったのだろうが、偶然その日は旧暦長月の満月の夜にあたっていた。それも月の名所更級の里。姨捨山にかかる名月を観るのも悪くない。たまたま近くの須坂市で医院を開業している旧友も車で来ている。あとでいっしょに行きましょうなどと言っている間に、幕の向こうで笛の音が聞こえ、大小鼓がオシラベを打ち始めた。

仮設舞台には、裃長袴の囃子《はやし》方地謡《じうたい》方がサッと居並んだ。近ごろ演奏されることのない「葛《かづら》の音取置鼓《ねとりおきつづみ》」という笛と小鼓の静かな前奏があって、都からの旅人が、従者を伴って素袍上下姿で現われる。更級の月を観るためにこの姨捨山に来たことを告げて、この能は始まる。常の旅僧のワキと違って、いかにも現実的な舞台の設定である。

名月の下に休らおうとする一行に、幕の内から呼びかける声が聞こえる。

「なうなう、あれなる旅人は何事を仰せ候ぞ」

歩み出た前シテは、物悲しい姥の面をつけているが、一本の薄の穂を右手に持って、年の割に華やいだ青い裾模様の唐織の着流しに水衣を着ている。それが一層彼女を艶めいたものにしている。老女は幕を離れてすぐ、橋掛り三の松あたりで落ち着きなくぐるっと輪を描くように廻ってそのまま佇んだ。何となく月に引かれて現われた惚けた老女のようであった。

　惚けたる母のたましひ遊ぶらし
月差しそむる霜夜の梢

私は、『鳥獣蟲魚』に収められた前登志夫の歌を思い出していた。

ワキの旅人は、ふり向いてふしぎそうにつぶやく。

「不思議やな草木の影もさらに無くて、山路も見えぬ方よりも、女性《にょしょう》一人来たりつつ、吾に言葉をかくるぞや」

薄の穂をゆらしながら、浮世離れした老女が白い顔でこちらに近づいて来る。舞台に入った老女は、荒涼とした山の景色を物語り、昔捨てられた老女が「土中に埋れ草」となったのはこの桂の木の下と教え、かき消すように消えてしまう。送り笛に吹かれて、老女の傾いた背中が幕に吸い込まれて中入りとなった。

姨捨は実は「伯母捨」の物語である。喜多流では「伯母捨」と書く。アイ狂言の語りによれば、早く両親を亡くして実の伯母に育てられた男が、長じて妻をめとるが、その妻が年老いた伯母を邪魔にする。日ごと妻に責めたてられて、男はついに愛する伯母を捨てる決心をする。目の見えぬ伯母に、生身の阿弥陀如来を見ることができると偽って霜夜の月光の山中に置き去りにして逃げた、ということになっている。本当にありそうな、一種なまなましい主題なのである。

伯母は、見えぬ目に阿弥陀如来の来迎を見たのだろうか。それとも不実な甥を恨みながら凍え死んだのだろうか。

狂言が引っ込んでガランとした舞台に、太鼓のテーンという音が響く。通常は大小鼓で静かに囃される「一声」という登場楽が、今夜は太鼓の入った「出端」という音楽に代えられている。大小鼓が要請しあうように声をあげ、太鼓がゆっくりと音を刻む。心の底を流れるような笛の音で垂れ幕が上がった。

幕の向こうの暗がりに、ベージュ色の衣を着た老女の姿が浮かび上がった。細い竹の杖をついて、トコトコと橋掛りを歩み寄ってくる。体が不安定に揺れ動いて、本当に老婆が杖にすがって歩いていているようだ。老女物の能の常識など無視した、橋岡久馬演ずるなまなましい老いの姿なのである。

面はさっきと同じ物悲しい姥、真っ白い髪をうしろで束ね、着古したような白い大口袴、秋草の縫い取りのついたベージュ色の長絹という姿で、舞台には突然さんさんとした月光がふりそそいだ。

しかしここでもまた、久馬の老女はもったいぶった老女物の能の常識を破った。袖をもぞもぞと動かし、右に向きをかえては月を眺め、正面に直っては照らし出された野面をみやるなど落ちつきのない行動を繰り返した。それがかえって、彷徨する老女のようにいたいたしく私たちの心に踏み込んで来た。

私は突然、死の前年の私の老母のことを思い出していた。回復の可能性がなくなった末期の癌の母を、弟妹たちと東北の温泉に連れて行ったことがあった。私たちは車をやとって、八幡平の藤七温泉まで上ったのだが、母は強い硫黄の温泉には耐えきれず、窓から黄葉した山をずっと眺め続けていた。そのやつれ果て、白髪がそそけだった横顔が浮かんできた。それが母を家から連れ出した最後となった。

舞台の老女は杖を捨てて舞台中央の床几《しょうぎ》にかかった。両袖を前で深く合わせ膝の間に手をダラリと垂らし、肩を落として静かに息づいている。

地謡が静かに謡っている。

「さる程に、三光西に行く事は、衆生をして西方に、勧め入れんが為とかや、月はかの如来の右の脇士として、有縁を殊に導き、重き罪を軽んずる無上の力を得る故に大勢至とは号すとか」

彼女は今、何も積極的には考えていない。ただ萎縮した彼女の脳の穹窿には、星座のように思い出の断片が次々に映し出されているだけだ。それは彼女に、天国にいるような一種幸福な錯覚をさえ与えている。

「天冠の間に花の光かかやき、玉の台《うてな》の数々に他方の浄土を顕す。玉珠楼《ぎょくしゅろう》の風の音糸竹《しちく》の調《しら》めとりどりに、心ひかるる方もあり。蓮《はち》色々に咲きまじる、宝の池の辺《ほと》りに立つや行樹《なみき》の葉の散りて、芬芳《ふんぼう》しきりに乱れたり」

いまはたとえ死でさえも美しいものに見えているのだろう。ああたまらない。こういう死に方もあるのだ。

静かに袖をひろげて舞い始めた老女に、射すような月光が降り注いでいる。

「然れども雲月の、ある時は影満ち又ある時は影欠くる。有為転変の世の中の定めのなきを示すなり」

ほとんどのけぞるように面を照らして月光を受けた老女は、いま深くうつむいて地上に目をやっている。十年ほど前、同じシテが東京で初めて「姨捨」を演じた時は、「ある時は影満ち」で真っ白に照らし出された地上を見、「又ある時は影欠くる」で逆に面を照らしてふと曇った月を見やったのに、今回は反対ではないか。

太鼓がひときわ高くテーンと乾いた音をあげた。舞台中央で、老女は「太鼓入序ノ舞」にかかろうとしている。大きく袖をひろげ、ほとんど無機物になったように立ちつくしている。笛が常より一調子上で吹き始めた。老女物というのに乾いた明るい音色である。シテはいまだ無心に舞っている。右に左に歩んでは静かに拍子を踏む。

舞いが二段に入ったとき、笛のテンポが静まり老女は舞台に腰を下ろしてしまった。脚を組むように深く座って、左手に開いた扇をかかえるようにして、扇に射し込んだ月の反射を受けている。「弄月」という型どころだ。もはや悩みも恨みも超えてしまった女の存在が、痛いほどの月光をいとおしんでいる。

私は再び死んだ母のことを思い出していた。私は母を捨てたわけではなかったが、自分が生きることに忙しかったころだから病院に見舞うことも途絶えがちだった。死ぬ前はほとんど病院に預け放しだった。やっと時間ができたといって恩着せがましく見舞ったのもひどくまれだった。輸液のチューブにつながれて死んだときも、私は母ではなくモニターの心電図を見ていた。

私はやっぱり母を捨てたのだ。母ばかりでなく、何人の老女を捨ててきたことだろうか。その思いが胸をかきむしる。完全に惚けて寝たきりのまま死んだ祖母、若くして夫を亡くした上二十歳の息子を戦争で失った伯母、私とは気が合わず、とうとう和解することもなく死んだ妻の母。彼女が死んだ時には私は外国にいて、弔電を打っただけだった。そういう姥たちが、それぞれ個性のある姿で次々に脳裏に現われては消えていった。妻だって、いま入院でもしたらどれほどのことをしてやれるだろうか。男は老女を何人も捨てる存在なのだ。

舞い終えた老女が、いま述懐するように謡っている。

「我が心慰めかねつさらしなや姨捨山に照る月を見て」

地謡が押しつぶすように続く。

「露の間に、なかなか何しに現れて、胡蝶の遊びたはむるる舞の袖、返せや返せ、昔の秋を、思ひ出でたる妄執の心、やる方もなき、今宵の秋風、身にしみじみと、恋しきは昔」

老女は再び手を膝の間にダラリと垂らして放心したように座っている。

「秋よ友よと、思ひ居れば」

笛がリョウリョウと吹き出すと、都の旅人は静かに立ち上がって舞台を去って行く。あとを見送った老女は、座ったまま深く袖でシオっている。

「独り捨てられた老女が、昔こそあらめ今もまた姨捨山とぞなりにける、姨捨山となりにけり」

山の形になって座っていた老女が、突然もぞっと動いて立ち上がった。老女物なのに珍しく拍子を踏んで能は終った。

しばらく沈黙していた人々が一人二人と立ち上がり、ホール内にざわめきが起こった。深くうつむいて座っていたMさんが顔をあげてこちらを見た。大きな眼が泣いていた。

外に出るとたしかに皓々とした月が中天にかかっていた。そのため星は光を失って空はただ蒼かった。

須坂の友人が車を玄関に廻しに行った。彼の奥さんも年齢なみに老いて、月の下に立って私たちを迎えた。

「せっかくですから姨捨山までゆきましょうよ」

Ｆさんの声に促されて、私たちは車に乗り込んだ。千曲川の橋を渡り、五キロほど先の姨捨山まで車を走らせた。家々は灯を消して、途中の町はもう眠っていた。懐中電灯の灯をたよりに小高い丘のような姨捨山に登ったが、どこが老女の捨てどころかはわからなかった。ここから見えるはずの千枚田もいまは水を落として蒼い影の段々になっていた。

Ｆさんがやっと芭蕉の句碑を見つけた。

おもかげは姥ひとりなく月の友

小声で読んでいる。それならば、このあたりに伯母を捨てたという桂の木があるのだろう。こんな時間にやって来る物好きはいないらしく、山には誰もいなかった。姥というには少し早い三人の女と、衰えを知った二人の男たちの声だけが、静まりかえった姨捨山にしばらく響いた。それぞれに捨てた老女がいたに違いないが、それは言葉には出さなかった。時々真綿のような雲が月の表面をかすめて、月光がゆらいだ。今日までに、私たちは何人の老女を心の中で捨ててきたのだろうか。その思いが私たちを寡黙にさせた。

その日の「姨捨」が、普通の意味で最高の出来ばえの老女物だったわけではない。むしろ現代の能の標準からみれば、少々常識外れの演技だったのかも知れない。能評家だったら文句を言うに違いない。

しかしそんなことはどうでもいいことだ。今夜観客の一人ひとりは、自分の中で捨ててきた老女を、それぞれに月光の中に甦らせいとおしんだ。それを芸の力といわなくて何であろう。年齢を重ねたものほど、その数は多かったに相違ない。

能楽二十一世紀の観点

能は二十一世紀の演劇として生きて行けるであろうか。ユネスコの文化遺産に登録されて、絶滅危機の希少動物のように、保護の対象になってしまったのであろうか。

残念ながら、現状は危ういというほかはない。能に芸術的魅力がないというのではない。能は今でも世界に通用する舞台芸術である。その実力には凄みさえある。問題は、今の能楽堂の形態やレパートリーでは、その実力を充分発揮できないことにある。

現実の能は、趣味人の愛玩物か町村の薪能のアトラクションに堕していることは否めないだろう。能を演劇として鑑賞し、能楽堂の劇空間にカタルシスを求める人は一握りにも満たない。とうてい現代に生きる演劇とはいいがたい。

その理由は、能楽師の多くが、過去の遺産に頼って、現状維持に汲々としている体質にある。芸さえ磨いておけば安全という内向性が嵩じて、外には出て行こうとしない能舞台引きこもり現象である。もっともそれによって、この文化遺産が高い水準をこれまで保ってきたことは否定しない。だがそれだけでは、芸術の停滞である。

能は潜在的実力を充分持っている。それは六百年にわたって蓄積してきた芸の実力であって、現代の能が作り出したものではない。

名手はいても名人はいない

現代の東京の能楽界を眺めると、関根祥六、梅若六郎、野村四郎、近藤乾之助《けんのすけ》、友枝昭世など、いずれ劣らぬ一流の名手を擁している。技能の上での実力者というだけなら、枚挙に暇がない。でも、かつての明治生まれの「名人」、たとえば先代喜多六兵太や橋岡久太郎、梅若実、金春八条などに比べたら感動に欠ける。「名手」はいても名人はいないといわれる所以である。

常に芸を創造し続け、それに成功してきた名人と、芸を受け継ぎ守るだけの名手との違いである。それだけでも、伝統芸能の存続にとっては一大事だが、新しい芸術を創り出す力がなくては、この道の未来はない。

若手中堅の台頭

そのなかで、最近面白い現象が認められる。

たとえば、昔は最奥のものとあがめられて、老名人によってまれに上演された老女物が、中堅以上の舞手によって頻繁に上演されることだ。この二年の間でも思い出すだけで、「関寺小町」が二回、「姨捨」が四回、「檜垣」が三回、「卒都婆小町」に至っては十一回も舞台に上っている。

以前には考えられなかったことだ。観世榮夫、友枝昭世、若松健之などの「姨捨」は、記憶に残った。それに比較的若い能楽師が、老女物に挑戦しているのが心に残った。何も老名手だけに許される権威の象徴ではない。若手が覚悟をきめて挑戦して、初めて発見するものがあるはずである。津村禮次郎や櫻間金記の「卒都婆小町」など、決して万全のものではないが、探求のあとが見えて嬉しかった。

従来、秘曲などといわれて、上演がまれだった重い小書や演目が、頻繁に舞台に上るようになったのも最近の動きだ。安売りは禁物だが、実力ある中堅の演者の、意欲的な演出に期待するところは大きい。

囃子方の世代交代も進んだ。四十代を中心とした二世たちの充実ぶりには眼を見張るものがある。彼らが職人として芸を切り売りするのではなく、舞台の創造者として、活躍できる環境を作り出して行くことが肝要である。

新作能の現実

新作能や復曲能も盛んに演じられている。でも源氏物語や今昔物語に典拠を取って、能らしい趣向を凝らしただけでは、現代の演劇にはならない。古典能の落ち穂を作能するだけならたやすいが、現代世界に対するメッセージが含まれなければつまらない。

感動深かったのは、石牟礼道子作の「不知火《しらぬひ》」の再演だった。水俣病の鎮魂をモチーフにしたこの能は、能の約束事をことごとく無視したが、結果的には紛れもなく能の劇になっていた。現代の能とはこういうのを言う。

横道萬里雄作の「鷹の井」も、「鷹姫」と名を変えた新演出で光を放った。何度も上演し、演出を工夫してはじめて新しい能が完成する。また幾度もの再演に耐え得る脚本でなければ、現代に生きたことにはならない。

劇場空間への進出

世阿弥が「この道の命なり」とまで言い切った新しいレパートリーの開拓に、本気でとり組むためにひとつの提案がある。

二十一世紀の能の再生のためには、能は能楽堂からもっと広い劇場空間へ飛び出さなければ真の現代演劇にはなれない。能楽堂は少ないが、劇場ならどんな所にもある。そこに適応して、実力を見せ付けるのだ。

古典の能も新作も、通常の劇場で上演できる演出を工夫して欲しい。能舞台の九坪の狭い空間に仕切らないで、大舞台を縦横に使う演技を工夫する必要がある。能はもともと寛容な芸術なのだ。さっきの「不知火」や、金沢音楽堂の大ホールを立体的に使った、私作の「一石仙人《いっせきせんにん》」の上演がそれを証明している。能楽堂は芸の研鑽と、古典の正式な上演にだけ使えばいい。そこでの演能も勿論大切である。

第三の眼――成恵卿『西洋の夢幻能――イェイツとパウンド』

一九九九年十二月十七日の夜、東京市ヶ谷で心暖まる出版記念会が開かれた。韓国人の比較文学者、成恵卿《ソンヘギョン》さんの『西洋の夢幻能――イェイツとパウンド』（河出書房新社）の出版を記念して、知友五十人余りが集まったささやかな祝賀会である。

東京大学大学院総合文化研究科博士課程で行った、西洋の近代演劇におよぼした能の影響という博士論文に加筆して十年余をかけて完成した労作である。しかしこの本は、単に研究論文というにとどまらない。能を鑑賞する者にとっても、新しい眼を見開かされる発見の書でもある。

私は成さんをしばらく前から知っている。私の新作の能「望恨歌《マンハンガ》」が一九九三年に東京で初演された際ご覧くださって、「能と現代――新作能『望恨歌』をめぐって」という一文を日本大学総合科学研究所ニュースに寄せられた。この新作能を貫く「恨《ハン》」という主題を、もともとそれを生み出した韓国の文化と伝統から論じ、さらに世阿弥作の「井筒」をこの「恨《ハン》」の延長線の上で読み解くという論点に、私は強い興味をそそられた。

今回の『西洋の夢幻能』でも、「井筒」をイェイツやパウンドの近代劇と同じ平面の上で読み解こうとしている。ことにこの能が、江戸時代以前においては「十寸髪《ますかみ》」の面をつけて「カケリ」を舞うという演出があったことに注目して、「井筒」の女の情念をより深い狂気のところまで掘り下げようとしている。まさしく「恨《ハン》」の能としての「井筒」の解釈である。

補足しておきたいのは、韓国の「恨《ハン》」というのは日本語の恨みとか怨みといったものではない。哀しみも恨みも含み、さらにそれを超えた深い心の動き、根源的な情念とでも言うのだろうか。いまも喜多流に残る「井筒」の「段ノ序」という小書は、かつてこの能が現在の純愛の能とは違った演じ方をされていた名残であろう。実際一九九九年に再演された観世栄夫師の「望恨歌」では舞の導入部分にこの「段ノ序」が使われた。

この本に書かれた成さんの文章は、日本語としても大変美しい。イェイツやパウンドの詩の翻訳も、それ自身美しい日本語の詩になっている。

私はある大学の特別講義で、彼女の英語の詩の朗読を聞いて感心したことがある。正統のアクセントで読まれた英語の詩の美しさは、それだけで私たちを感動させた。その身についた英語力で丁寧に読み進んだイェイツやパウンドの詩や劇の中にひそむ、日本の夢幻能の影を丹念に発掘し、東西の劇的世界を対比させて論じたのである。文献の読み込みも、事実関係の検証も正確をきわめている。

しかしそれよりも、劇としての能を読み解く彼女の眼には改めて驚かされた。彼女はこの本で、それぞれの能についての自分の解釈や意見を述べているわけではない。比較文学者の立場をかたくなに守って、能と西洋の近代劇を具体的に対比させているだけである。にもかかわらず、たとえば能「求塚《もとめづか》」とイェイツの『煉獄《れんごく》』を対比する眼には、「求塚」という能を深く観、読み解いた彼女自身の感性と、『神曲』に本説《ほんぜつ》（典拠）をとりながらも技巧的に能「求塚」に傾斜していった『煉獄』を、冷静に分析してゆく学者としての客観性とが同居している。

戦後の韓国に生まれ、日本文学も日本語の知識も不十分であった成さんが、東京大学に留学して初めて能を観、能に関する講義を聞き、エズラ・パウンドやアーサー・ウェーリーの英訳を通して能の脚本を知り、とうとう比較文学の立場から能の本質に関わるような一冊の書を著したのである。そこには、日本に生まれて能を観ながら育ち、国語で書かれた能を初めから学んだ日本の文学者とも、西洋演劇の立場からはるかに能という異国の劇的世界を眺めた欧米の研究者とも全く違う新しい観点が含まれていた。

もちろん彼女は能や謡を習ったり、能楽師の方とお付き合いがあるわけではないし、西洋演劇の活動にも直接関係してはいない。彼女の立場は日本からも西洋からも等しい距離をおいた韓国の文学者のものである。能に深すぎる思い入れがあるわけでもなく、西洋演劇に傾倒してその立場から東洋の能を論じているわけでもない。

そのいずれからも離れた第三の眼から能を観たとき、能は新しい劇として再生を果たした。たとえば夢幻能の根底にある「憑霊」現象こそが、表面に現れた愛や哀しみが必然的に持っていた「一筋縄ではゆかぬ」部分の表現を支えているという指摘は傾聴に値する。この同じ憑霊現象が、イェイツの劇の死者たちの夢にも投影されているのだ。

夢幻能では、ワキ僧の持つ現実の世界が、亡霊であるシテの世界に徐々に侵食されて、後場に至っては両者の境界が崩れて比重が逆転してゆくのに対し、イェイツの劇では両者が常に併置され同時進行してゆく、という分析など、まさしく第三の眼による発見である。その上で、能とイェイツの劇的世界を結ぶものとして「鎮魂」の芸術という普遍性があることが指摘される。それは、韓国の伝統にある「恨《ハン》」の美学にも通じているのだ。

こうして成さんは、能を遺伝的に所有してきた日本人の眼とも、自らの劇的世界と対立する異物として能を眺めた西欧人の眼とも離れた、第三の眼を確立した。それは現代の能を劇として位置づける「離見の見」だったのである。

シェークスピア劇からクラシックバレーに至るまで能に翻案した上演がしばしば行われている。それらが物珍しい異ジャンル間での臓器移植のような実験ではなく、能を現代の「劇」として再生させるための根治治療の試みになるためには、成さんの示した能と西欧劇のいずれにも等距離をおいた第三の眼が必要になるのであろう。それによって両者の間の越えがたい溝を、共通の理念で埋めることが可能になるのではないだろうか。

当日司会者から「最後の大和撫子」と紹介された楚々とした成さんが、力強い韓国の女の「第三の眼」を通して、これからの能を勇気づけてくれたようにみえて私は嬉しかった。

（付記）成恵卿さんの『西洋の夢幻能――イェイツとパウンド』は、二〇〇〇年度のサントリー学芸賞を受賞した。

間の構造と発見——能の音楽を中心として

日本の文化を特徴づけるものとして、「間《ま》」というものがある。「間」は、「間が抜ける」、「間違い」、「間が悪い」、「間合い」、「間のび」など、日常生活から芸術活動に至るまで主要な規範となっている。それは、単にタイミングとか規則性などという瑣末なことでなく、人間関係をも左右する本質的な規範である。日本音楽においては、芸術的な価値の大半はこの「間」のとり方によって決まってしまうと言ってもいい。

ことに日本文化を「異文化」として客観的に見直そうとするとき、最もやっかいな概念のひとつは、この「間」である。「間」とは何か、「間」の起源は、そして「間」は何のためにあるのかを考えることは、日本文化を理解するためにどうしても必要なことであろう。

それは、行動そのものよりもそれが作り出されるまでの「間」によって価値が決定されるという日本人の美意識の基礎になっているし、それが拡大されて日常生活の中にまで入り込んで、日本人特有の生活規範とさえなっているからだ。「間合い」を知っている日本人は、そこに独特の快適さを見出す一方、外国人には最も理解しがたい日本人の曖昧性の一部となっている。

日本人は個人の行動より団体活動を重視し、常に「仲間」意識を持って行動する。自分と他人との間に、断絶状態としての間隙をはさむのではなくて、そこに「間」と称すべき積極的な関係を相互に作り出し、それを微調整することによって常に孤立を避ける。「仲間」という「間」は、そういう意味を持っている。「世間」、「人間」などといういい方にもその「間」が反映されていると思われる。

「間」というのは、もともと時間的な間隙のことであるから、音と音との間の空白の時間のことであり、音を基調とする芸術、音楽からきていると考えられる。実際日本音楽やそれに付随した舞踊では、「間」は最も重要な表現の要素である。しかもその「間」は、西洋音楽に見られるリズムとか、メロディーの間の休止符の長さなどとは全く違って、積極的な身体的時間の表現なのである。

能の音楽、ことに打楽器などを稽古するときには、音調や音色よりも「間」を習うことが大切とされる。ところが、西洋音楽のように物理的、平均的なリズムだけではない「間」は、規則的なメトロノームによる時間としては教えることができない。「体で覚えろ」と言われるように、師匠から直接教え込まれ、体得するよりほかはない。日常生活における「間」も、同じように生理的に体得された生活のルールであり、おそらく言葉では教授することのできない知恵のようなものであろう。

日本文化の中に古く根付いている「間」の感覚はどこに起源を持ち、どのようにして発展してきたのであろうか。私は能の音楽、ことに大小鼓の楽譜（手組）の成立をたどりながら、「間」という不思議な時間の起源と発展について考えてみたいと思う。

二つの挿話から

能の音楽における「間」を考える入り口として二つの挿話から始めたいと思う。

第一は増田正造氏が、レコード『能楽囃子大系』（ビクター音楽産業、一九七三年）の解説の中で紹介したものである。大正・昭和前半の能楽界で中心的な役割を果たした大鼓葛野《かどの》流の長老、川崎九淵《きゅうえん》翁が、晩年ＮＨＫで能楽の録音をするとき、ＮＨＫの技師に難癖をつけた。「あなた方は、私が打つ大鼓の音ばかり録音しようとしているが、音と音の間の何も聞こえていない部分を録音していない」というのである。何もない「間」の部分の録音を要求されて、ＮＨＫの技師が大いに困ったという話である。

もうひとつは、横道萬里雄氏が、人間国宝の能楽師数人と対談したのを集めた『能と狂言の世界』（平凡社、一九七二年）に収められた幸祥光《こうよしみつ》師の発言である。幸祥光師は、同じく昭和前半までの能楽界でひときわ高く光芒を放った、小鼓方幸流の不世出の名手である。

中世文学、そして中世演劇としての能の研究者としてのみならず、能の実技にも通暁している横道氏に、老名手はこう尋ねている。

能の方は世阿弥など作者がわかって、どのようにして作り出されてきたかがわかるが、能の音楽の基本をなす「拍子」というのは誰が編み出したのだろうか。「拍子」を作り出した過程というのはわからないのか、としつこく問いただしている。

この二つの挿話を通して、どうやら尋常ではない打音の間の空白部分としての「間」、そこに隠されているもの、そしてその「間」を作り出すための打音の組み合わせ（拍子、手組）、それがどこで発見され、発展、進化してきたかというのがこの二人の老名手にとって重大な関心事であったことがわかる。それでは、「間」の起源を明らかにする手掛りはあるのだろうか。そして「間」は文化論的にどのようにとらえられるのであろうか。

能の拍子の起源

幸いにして、日本音楽のひとつの原型である能楽囃子の起源をたどる手掛りがいくつかある。先の幸祥光師の問いに、横道氏は次のように答えている。世阿弥より前に、拍子を重視した音曲、「早歌《そうが》」というのがあって、鎌倉時代から室町時代にかけて武士や商人の間に流行したが、その譜本に「拍子」の印がついている。その辺が能の拍律法「地拍子」の始まりではないか、と。

「地拍子」というのは、歌詞の一句一節を八拍にあてはめるリズム法で、「八《ヤ》つ拍子」とも呼ばれる。その原型と思われるものが、現存している早歌の譜に書き込まれている。世阿弥の自筆文の中にも「サウカフシ」と付記してある所もあるので、能の拍子の起源はその辺に求められるのだろうと述べている。

幸祥光師は、まだ釈然としない口ぶりであったが、横道氏はそれに答えるような、「早歌の新旧」という論文を発表しており、早歌の音楽的側面について深く考察している。横道氏の研究を基礎としながら、日本における「間」の原型の成立過程とその発展を考えてみるというのが、この稿の目的なのである。

早歌の本文については、外村久江著『早歌全詞章』(三弥井書店、一九九三年)や、最近復刻刊行された『冷泉家時雨亭叢書　宴曲』(朝日新聞社、一九九六、九七年)があるが、音楽的な部分については、すでに伝承が絶えてしまって、推定の域を出ない。早歌はもともと鎌倉中期ごろに関東文化圏に成立した謡い物で、中世末期に至るまで約二百年にわたって武士階級を中心に流行し、公家から僧侶、庶民に至るまで広く謡われていたらしい。作者は明空《みょうくう》(月江《げっこう》)、比企助員《すかかげ》(明円)、冷泉為相、金沢貞顕といった僧侶、公家、武士などの名が知られている。

主題は、四季の風物、寺社の霊験談、人生の無常観や道徳観、旅の道行き、祈禱文的なものなどが含まれ、主として七五調で綴られた詩文である。長さも長短さまざまあるが、一般には能の「クセ」に相当する数十行ていどのものが多い。

早歌の構成の詳細については、外村久江氏の『早歌の研究』（至文堂、一九六五年）や横道萬里雄氏の『能劇の研究』（岩波書店、一九四六年）に譲るが、「早歌」という名の由来は、当時主流だった旋律を主とした「催馬楽《さいばら》」や「今様」などの歌謡に比べ、速度が早く、拍子を重視して謡われたためであろう。それは詞章の内容が叙事、抒情、叙景等にわたって複雑になったため必然的に起こったことであるが、同時に歌唱の速度が早くなれば当然そこには新しい拍律が必要となり、リズムが強調されたはずである。そのために、詞章には拍子を打つべき印がつけられている。

横道氏の解釈に従って概観すると、早歌の主要唱謡部分は、一般には七音、五音の二句十二文字を八拍に割り振った、現在の能の拍律法と同じ「八つ拍子」なのである。

たとえば「夕陽《せきよう》西に傾きて」（宴曲集巻第五　夕）という句は、

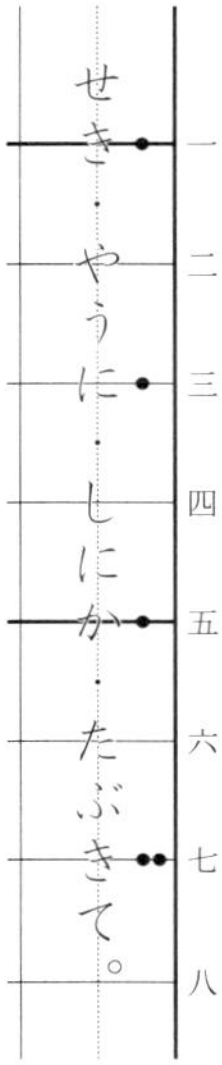

● ●●は早歌の拍子点

というように八拍に配分して謡ったらしい。その一、三、五拍に相当する「き」「に」「か」の字には拍を示す黒点（拍子点）が打ってある。扇などでこれらの拍を打ちながら謡ったものと推定されている。句末の「き」につけられた二つの拍が、七拍で二つ打ったのか、それとも現行の能の鼓の譜（一一三頁）のように、七拍、八拍に分けて打ったものかはわからない。

早歌の詞章には、七・七、八・六、七・六など不規則な句も多く含まれるが、それは拍間の字数などを調整して、音楽的にシンコペーションを多用するなどのやり方で処理していったらしい。字の足りないところは音を延ばし、多いところは「間」をなくすわけである。こうして七五調十二文字を、上半句と下半句に分けて、それぞれに二個ずつの拍子点を配するという基本形が生まれた。これはやがて生まれる能の音楽の拍律法と基本的には同一である。

もし上半句に字足らずの句がきた場合には、八拍の途中から謡い出し、前句との間には一定の「間」が生ずる。また、三字、五字などの字余りがあると、それを基本八拍の半分にあたる四拍に割り振って独立の句とする。これは、現行の能の拍律法の「トリの間」に相当するもので、基本的には能の拍律法の原則が、早歌ですでに完成していたことを示す。

私は最近、金春流の能楽師瀬尾菊次氏が、この拍律法で実験的に復元試演した早歌の唱詠「鶴岡霊威」の一部を聴く機会を得た。このときも拍子こそ打たれなかったが、上記の拍律法によって詠じられた。何か日本人の原初のふるさとに戻ったような、あるいは子宮の羊水の中をただよっているような、ふしぎなのどけさを感じる唱詠であった。いつかもっと大がかりな復元の試みがなされることを期待したい。

じっさい能の唱法において「体《タイ》ノ当リ」（「近古式地拍子」とも呼ばれる）と称する古体の拍律法はほぼこれに準じている。現在でも金春流の謡曲では、一部の「大ノリ」と称する部分で古体の「当リ」を保存しているし、東京でも観世流の橋岡家の謡には同様な「体ノ当リ」が残されて、古風なのびやかさをいまに伝えている。貴重なことである。黒川能の「拍子当リ」も基本的には近古式の「体ノ当リ」である。岐阜県の根尾能郷《のうごう》に伝えられている古能は室町末期の面影を残すと推定されているが、現在でも「体ノ当リ」で謡が謡われる（小島英幸『謡曲の音楽的特性』音楽之友社、一九八五年）。

このような拍律法が、早歌の発達の過程で形成されたとすると、それは日本の音楽史上特筆すべき重大な事件だったのではないかと私は思っている。それこそ「間」というものが発見された時点だったからである。

それまでの拍律は、雅楽の「越天楽」に残されているように、音楽表現は旋律を主とし拍律は従であったと思われる。それぞれ一字または二音節に拍を当てた八拍子を基調とし、あまり複雑な拍子のとり方はなかったと考えられる。強弱はあるにしても、基本的には八拍すべてに拍子が打たれ、ことに句の最終部分は制限なくのばすこともできた。その名残は「歌会」の和歌の朗詠にも残されている。

それが『梁塵秘抄』や『閑吟集』などに収められた歌謡の謡詠にも引き継がれ、念仏踊りや田植え踊りなどでも広く用いられていたと考えることができる。能形成以前の猿楽（散楽）でも、音曲部分は「催馬楽」から取ったと言われているから、能のような複雑な拍律法を持っていたとは思われない。

このゆったりした八拍全部に拍を打つ拍律法は、今日の能でも、「大ノリ」と呼ばれる謡法で使われているし、国歌「君が代」も規律正しい八拍律で成立している。

大ノリ型拍律の例

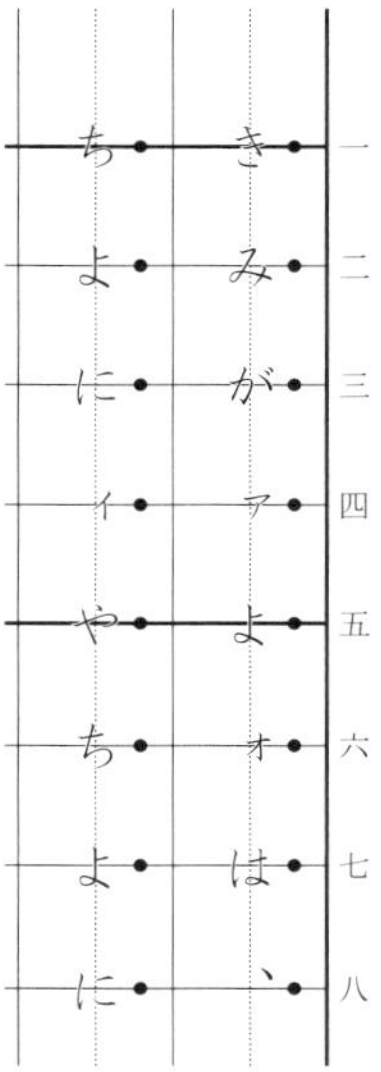

●は拍子の当たる点　（国歌「君が代」）

現行能の「大ノリ」

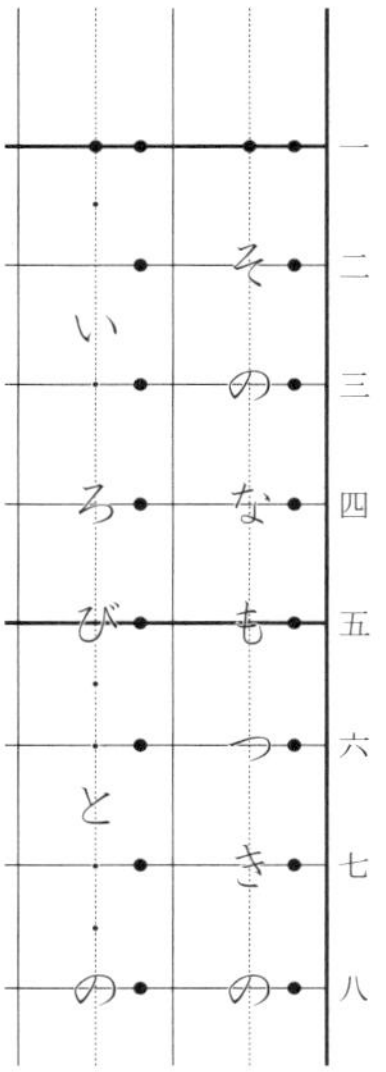

●は拍子の当たる点　（羽衣）

この大ノリ型の拍律から、より急調な二音節（二字）ごとに一拍を打つ八拍律の謡い方が生まれ、それが今日の能の「中《ちゅう》ノリ」と呼ばれる謡法の基礎となったことは容易に想像される。

これらの二つのタイプの規則的拍律法「大ノリ」と「中ノリ」は、能にも引き継がれ、異なった情感を表す音楽的表現技術としてさまざまな曲目に現れる。「中ノリ」は「修羅ノリ」とも呼ばれるように、修羅道に落ちた武将の霊が、激しい戦いの有様を再現し、さらに地獄の苦患を見せるといった劇的で急調な表現に向いている。一方「大ノリ」は、美女の霊や花木の精がゆるやかな美しい舞を舞いつつ昇天するさまや、神霊が奇瑞とともに現れ、力強いノリのある舞働キを見せる場面で使われる。ことに「ハシリ」というシンコペーションをきかせて音節の間を縮めた謡法をとり込んで、流動的で曲節に富んだリズムを作り出すのに成功している。

中ノリ型拍律の例

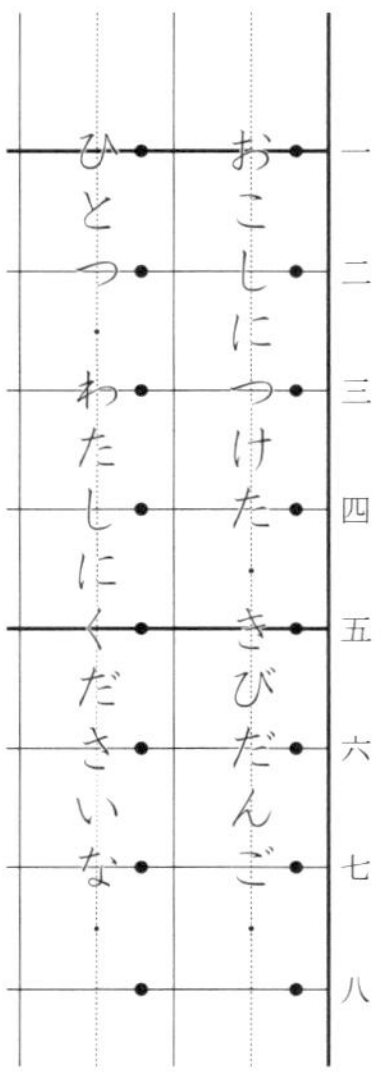

●は拍子の当たる点　（童謡・桃太郎）

中ノリ

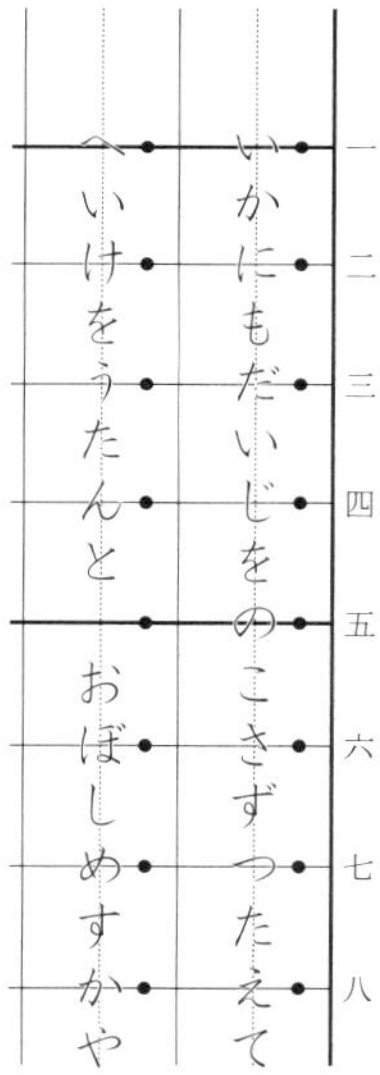

●は拍子の当たる点　（能・鞍馬天狗キリ）

しかし上記の「大ノリ」、「中ノリ」いずれの例においても、八拍にはそれぞれ規則正しく拍子を打たれており、そこにシンコペーションが入ったとしても、ほとんど拍子の位置は変わらず、曖昧さの入り込む余地はなかった。

　ところが早歌で成立した拍律法では様子が違う。そこでは基本的には奇数拍のみが強調され、八拍に配置される語に含まれる音節（字数）も一定ではない。七・五という並びの場合も、五・七という並びの場合もあるし、八・六、七・六、三・五など不規則な音節の数の場合もある。それは早歌が内容としても、より物語的、叙事的、叙景的、観念的になるなど、複雑な要素が入り込み、さらには宗教的なものや歴史的なものにまで主題が広がったために、寺院の「声明」や、語り物としての「平曲」などの影響を受けて、より自由度の高い拍律法を採用せざるを得なかったためであろうと思われる。そこに新しいタイプの「間合い」が生まれたのである。その「間」の性格についてはこれから述べるが、ともあれ早歌の拍律法の発明は、それまでの日本の音楽にはなかった、自由度の高い、しかし基本的には不変の枠組みを持った新しいリズムを創造する入り口になったと考えることができるのである。

現行能の拍律法への発展

横道氏の優れた研究から、早歌の拍律法がもとになって、現行の能の複雑な拍律法が作り出されたことがほぼ明らかになったと思う。現行の能の謡でも徳川時代後期までは「体ノ当リ」と称する古風な拍子当りが主流をなしていたことは前に述べたが、そこに大小鼓がさまざまな手組を打ち込み、また逆に、大小鼓の手組に応じて謡の間合いが伸縮するという形で能の音楽は発達していったのであろう。

ふしぎなことに、能のコスミックな表現の基礎をなす拍律について、世阿弥の伝書はあまり具体的なことを語っていない。それは、世阿弥によって能が大成されるころには、拍律法それ自身が未発達であまりやかましく八拍からなる拍律にこだわらなかったためなのか、あるいは世阿弥が「一調二機三声」といった大局的な音曲の概念により強い関心を寄せていたためなのかはわからない。

しかし世阿弥の娘婿にあたる金春禅竹は、能の音曲的側面に関しての見解と技法を述べた『五音三曲集』という伝書で、かなり具体的詳細に、拍子について述べている。

「惣じて音曲・舞の拍子は、みな添へ物なり」としながらも「音曲を体《タイ》にして、拍子の打ち物をば用《ヤウ》なりと知る可し」とし、鼓、太鼓などの囃子方は、舞歌音曲を本としてそれに従うが、逆に舞歌音曲を担当する者は拍子を本としてそれに従えとも言っている。謡曲の謡い方に適応した囃子の手組が、すでに存在していたことをうかがわせるものである。

「およそ、拍子は八拍子なり。本拍子四、間《アイ》の拍子四なり」と言っているのは、すでに現在と同様の八拍なる地拍子が成立していたことを示す。さらにそのうちで一、三、五、七拍に当たるのが「本拍子」で、その間に二、四、六、八という「間拍子」があることを指摘している。本拍子の第三、第五に当たるところを大拍子と呼んで重視しているが、それはこれから述べる「コイ合イ」という能の手組で、大鼓の打音が当たる第三拍目と、小鼓の「三ッ地」の最初に打たれる第五拍目に相当する。

さらに「早歌に押す拍子あり。当流にも押す心根あり。是等は皆口伝あるべし。鼓に調べの拍子、同レ之。[爰《ココ》に、程《ホド》拍子を知る事、極《キハメ》也]」とあって、拍子の技術に早歌の技法が入っていることを明確に示すと同時に、さまざまな鼓の奏法がこのころ作り出されたことを示している。ここでいう「程拍子」が現行能大鼓方の高安《たかやす》流で「ホド」と呼んでいる、拍と拍との間に打ち込む意表をついた打法と同一であるかどうかはわからない。しかし、押す拍子、調べの拍子、程拍子等、いずれも物理的音程や時間に忠実な音程・リズム法とは異なった複雑な何ものかが、このころすでに実施されていたことを示すと私は考える。

禅竹は、音曲や拍子に深い見識を持っていたらしく、他にも拍子の緩急や謡との関連について詳細な注意書きを書いている。禅竹の次男道加は鼓の奏者として名声を博し、現在の大鼓方、および小鼓方大倉流の祖とされている。

「コイ合イ」の発見

早歌の拍律法から能のそれへの移行を考える材料として、横道氏があげているのは、早歌の拍子点に対応するものとして、「古三ッ地」、「翁ノ地（二つ頭）」、「猿歌」の拍子などである。いずれも一、三、五、七拍に拍子が入る。「古三ッ地」はいまでも黒川能などで使われており、上半句の一、三拍は大鼓が、下半句の五、七、八拍は小鼓が担当する。「翁ノ地」では前半の△は小鼓のカシラ（頭）という打法で、大鼓と同様硬質の音であるが、五、七拍は小鼓特有のポン（ポ）という音で、すでに八拍一句の前半と後半とに分けて、性格の異なった楽器または打音が担当するというやり方が、確立していたことがわかる。「猿歌」は狂言「靫猿《うつぼざる》」で猿使いが謡うもので、竹の鞭で拍子をとる。この場合は一、三、五、六、七拍を打っている。現行の「コイ合イ」、「三ッ地」では、大鼓は第一拍を打たない。

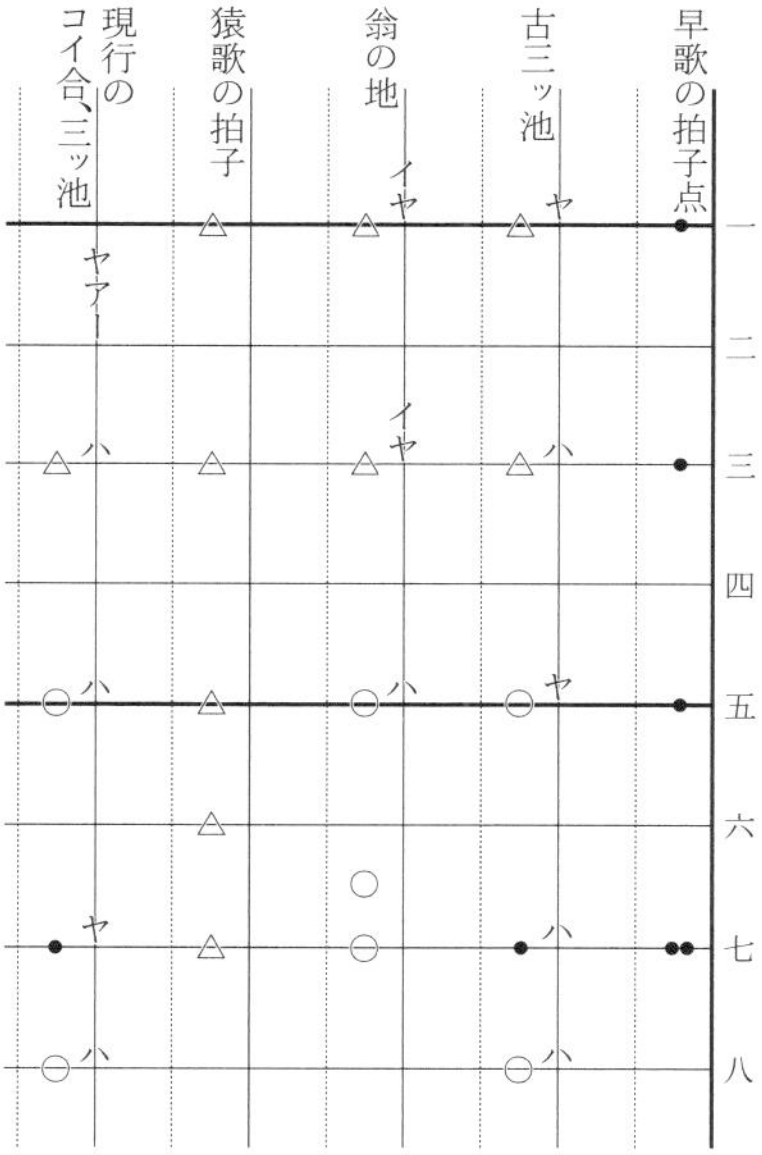

さて、「古三ッ地」は現行の能の囃子ではすでに使われておらず、黒川能にその原型を残しているに過ぎない。黒川能では拍子に合った唱謡部分の多くが、この「古三ッ地」を使っている。「古三ッ地」型の大小鼓の打法は、現行の能では、「コイ合イ」、「三ッ地」（この両方を合わせて「コイ合イ」と呼ぶこともある）という手組へと進化している。「コイ合イ」は、「乞合イ」とも書かれるように、大鼓と小鼓がそれぞれ「コイ合イ」、「三ッ地」という簡単な手を打ち合うのだが、それぞれが呼吸を計ってお互いに音を要請し合って成立する面白い手組なのである。一説では「声合イ」から来ているともいう。「コイ合イ」は、能の主要部分に高頻度に使われている。これに太鼓が

加われば「太鼓コイ合イ」と呼ばれて、三つの楽器が掛け声をかけ合って互いに「間」を計り合い、音を要請し合う。

コイ合イ

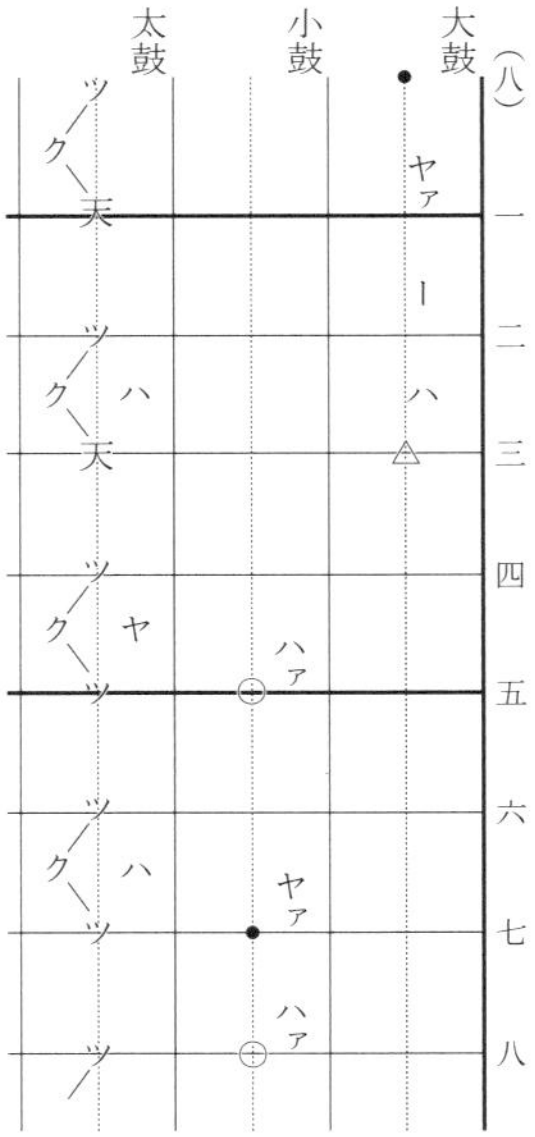

●は大鼓のドンの音
△は大鼓のチョンの音
○は小鼓のポの音
●は小鼓のチの音
天は太鼓の響かせる撥の音

すなわち大鼓は一拍を打たず、長い掛け声で「間」を計って三拍に打ち込むのである。それを受けて小鼓は四拍目の空白を充分に胸中で数えた上で（これを専門用語でコミという）、このコミを確認するようにハァという掛け声をかけた上で第五拍目にポン（○）と打ち、六拍をコミにして、ヤァの掛け声で七拍にカン（甲）と呼ばれる小さな硬質の打音を一つ打ち、さらに八拍をハァ（○）と打ち込んで一句を終わらせるのである。この小鼓の手組、すなわち五拍、七拍、八拍の三つを打つのを「三ッ地」と呼んで、小鼓の手組の基本としている。この「コイ合イ」、「三ッ地」の組み合わせからなる一連の大小鼓の手組で成立する八拍子一句を、クサリ（鎖）と呼び、この八拍一行を「ひとクサリ」と数えるわけである。

能の一曲には、拍子が合って八拍子に割り切れる部分と、拍子が合わない台詞的あるいは朗詠的部分とがある。「サシ謡」と呼ばれる拍子の合わない部分にも、しばしば大小鼓の「コイ合イ」が演奏されている。これを「アシライ」と称している。この「コイ合イ」、「三ッ地」を打ち続ける「アシライ」によってゆったりとしたリズム感が持続され、ときにはその緩急によって心理的な劇的効果まで期待されるわけである。

能の大小鼓の手組の基本は、この「コイ合イ」、「三ッ地」のほかに、「ツヅケ」と称する八拍全部に大小鼓の打音が配置された手組がある。「ツヅケ」は八拍全部が打たれるわけだから基本的には規則正しい八拍子になるはずだが、大鼓の主導する第四拍までと、小鼓の担当する第五拍以下では微妙に「間」が違う。さらに拍子に合わない謡の部分に伴奏する所では、「コイ合イ」、「三ッ地」の「間」に、八拍を伸縮させて入れ込んだような不規則な「ワルツヅケ」が打たれる。この二つの基本的な手組の変奏修飾されたものが組み合わされて、能の複雑な音楽が構成されるのである。

ツヅケの手組

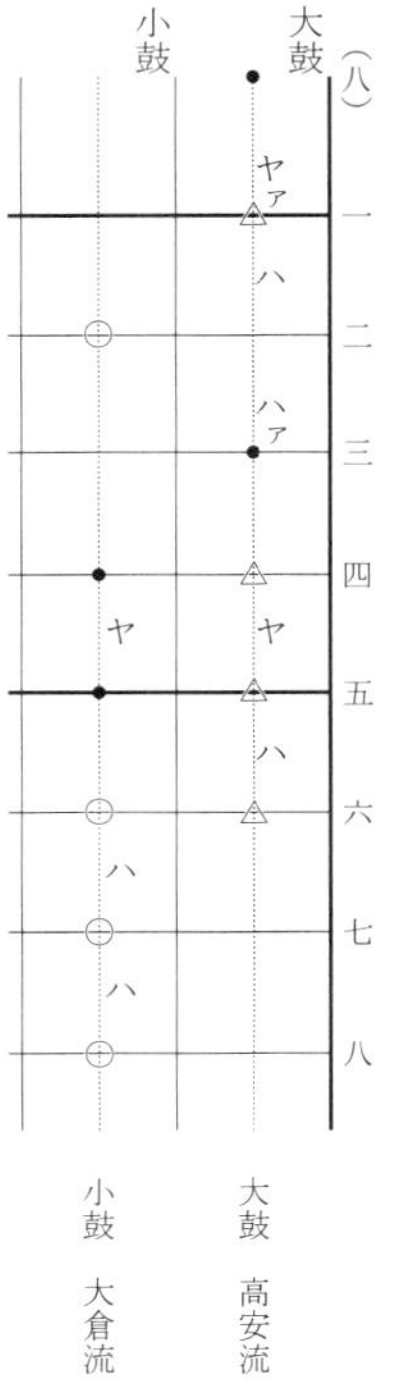

能の打楽器の音楽は、誤解を恐れずに単純化して言えば、「コイ合イ、三ッ地」と「ツヅケ」の二つの要素が、まず多様な修飾形を作り出し、謡曲の詞章にからまってそれらがつながり合い、変形し合いながら織りなした二次元的な唐草文様なのである。それはまるでＤＮＡのつながりで作り出される遺伝子による生命の設計図、ゲノムのようでさえある。ゲノムの方も、もともと単純な遺伝子の重複と変形を組み合わせ、そこに突然変異（修飾）を加えつつ自己組織化していった著しく複雑な「超《スーパー》システム」であることは別の論考で述べた（多田富雄『生命の意味論』新潮社、一九九七年）。そこにも能の音楽で見られるような、冗長で繰り返しの多い配列が数多く含まれている。

能の音楽では、さらに笛や太鼓、謡曲などが加わって、三次元的構造として再組織化され、さらに能として上演されるときには、四次元的空間の表現となる。能の音楽を、要素としての単純

「羽衣」（クセの一部）

右（大鼓）高安流
左（小鼓）大倉流

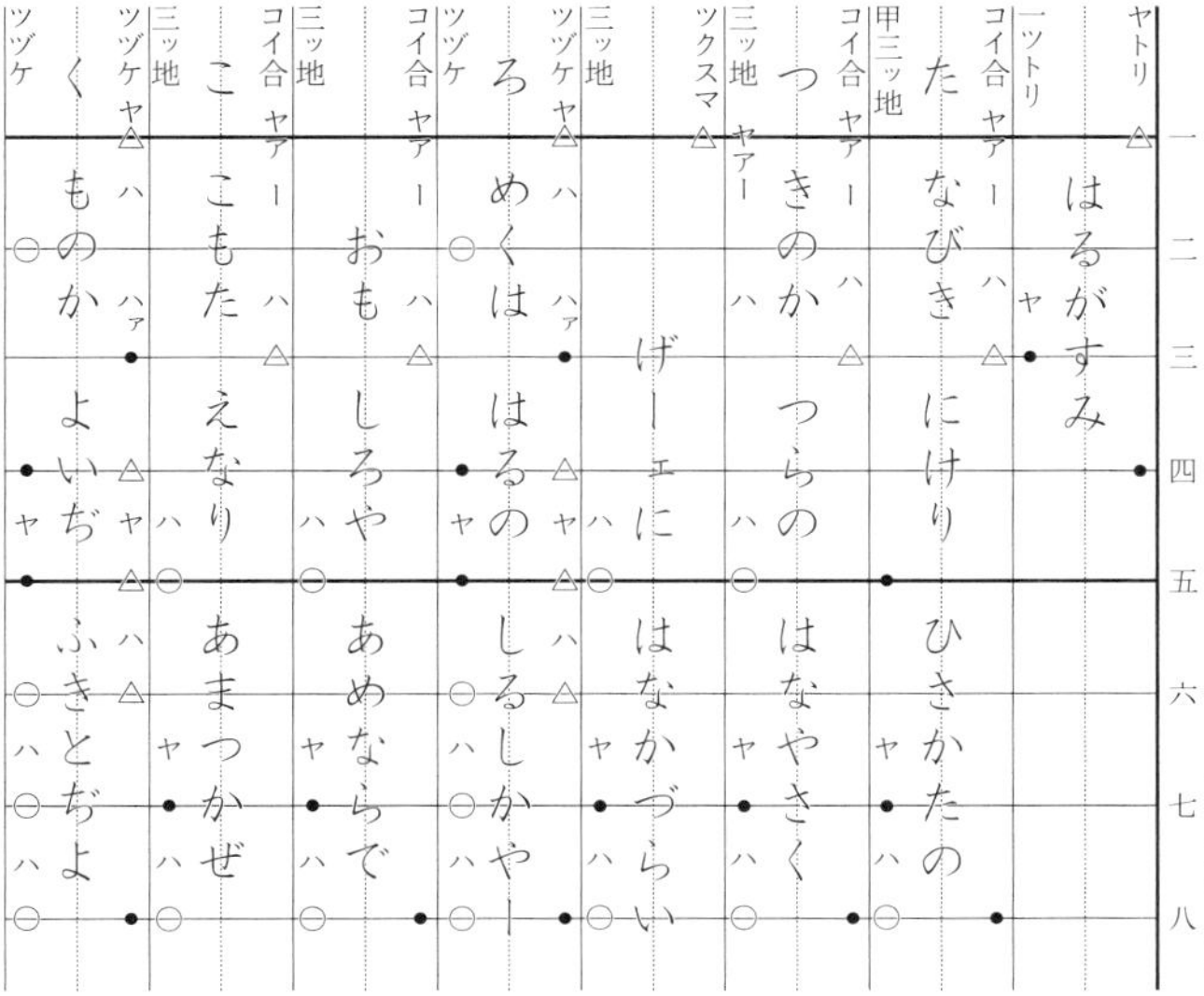

な「手組」の重複と多様化、そして要素間の相互適応によって自己組織化された「超《スーパー》システム」として見る立場については別に論考したいと考えている。

「間」の成立

さてこうして能の音楽を規定する拍律法、ことに「コイ合イ」、「三ッ地」に代表される基本的拍律法が確立されたのだが、それが実際の能、すなわち演劇の舞台に適用されるときには、さらにこれまで述べた早歌の謡い方に見られた一、三、五拍に当たる文字をのばした単純な八拍子分割法とは全く違った事態が出現するのである。私はここに日本人特有の「間」の起源を見るのである。少々長くなるがこの部分を点検しておきたい。

多少技術的な部分に及ぶけれど、現在行われている唱法の実例をお目にかけなければならない。能「羽衣」の代表的な音楽的部分、「平ノリ」で謡われる「クセ」の一部で、大小鼓がどのように「間」をとっているかの例として、現在使われている譜をあげてみよう（前頁）。大鼓は高安流、小鼓は大倉流の譜によった。

このように書き写してみると、現行の能の拍子に合った唱謡部分は、早歌の拍律法をもとに七五調の詩が唱詠され、そこに「コイ合イ」、「三ッ地」、「ツヅケ」という大鼓、小鼓の手組が配置されているだけのように見える。ただ違うところは、先に述べた二字目、五字目、八字目をのばして謡う「体ノ当リ」という古体の唱法と違って、一字目、四字目、七字目をのばして謡う、より近代的な「用《ヨウ》ノ当リ」になっていることが注目される。この二種類の拍子当りでの謡い方の差の例をあげてみよう。左端にはその際の大小鼓の打音の配置を示した。

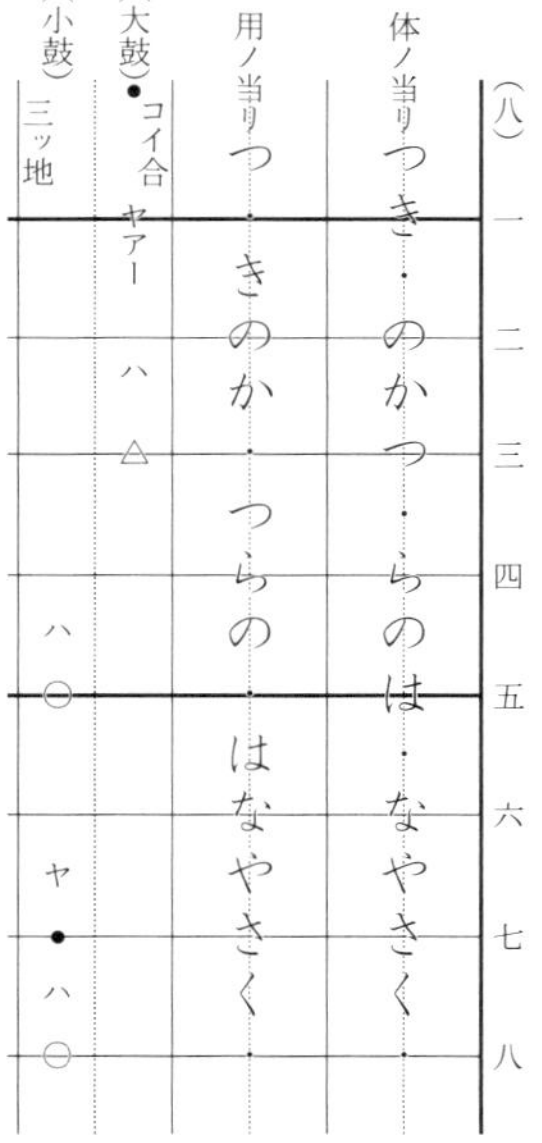

●は音をのばすいわゆるモチ

「羽衣」（クセの一部）

もうひとつ注目したいのは大鼓の「コイ合イ」が、前述の「古三ッ地」のように第一拍を打たず長い「間」をおいて三拍を打ち、それを基準にして小鼓の第五拍が決定されていることである。この長い「間合い」は掛け声を引くことによって計られる。いずれの謡法でも、第七、八拍は、小鼓の二打によって規則正しく終了する。そうすると、このクサリの持つ絶対的な時間を決定するのは、大鼓が最初に打ち込む第三拍と、それを受けて決定される小鼓の第五拍、それにクサリの最終点としての小鼓の第八拍ということになる。あとの打音は、この三つが決まれば自ずから決まる。

先にも述べたように、謡曲の詞章は、厳密に七・五ではなく、六・八、八・五などの不規則な字数の句からなっている。それを基本的な八拍の拍律に収めてゆくためには、この「コイ合イ」、「三ッ地」という手組はまことに理想的な自由度を持っている。つまり、大鼓の第三拍と、小鼓の第五、第八拍を規定しさえすれば、その間の「間」を、両者が相互に計り、微調整することによって、さまざまな不規則なもの、さらには情緒や語意によって強調したり修飾したり、あるいは無視したりしたいものを巧みに包含することができるわけである。

さらに字数が足りない場合は前句の末尾を長く引いておき、大鼓の「コイ合イ」に代表される長い掛け声で計られる一拍半、第二拍、第二拍半、第三拍などの時点から謡い出すことができる。それぞれ「ヤ」の間、「ヤア」の間、「ヤオハ」の間、などと呼ばれる。この他にも「当ルヤ」の間、「当ルヤオハ」の間、変則的な「ヤタ」の間などがある。

しかもこの「間」の中には、実際には打たれない第一拍、第二拍、第四拍などが歴然と存在しており、それを認識しコミに取り込むことによって八拍律法が生きてくるのである。小鼓の場合は大鼓の第三拍を基準に、四拍をコミにとって五拍を打つ。さらに第六拍をコミにすることによって、そしてまた最終拍の八拍から逆算して第七拍の位置が規定されるのである。つまり打音のない一、二、四、六という拍は単なる空白ではなくて、実際には演者の心のリズムの中にはコミとして存在していたのである。

音のない「間」というのは、こうして存在のない空白ではなくて、打音をささえる積極的な存在として作り出されていたのである。冒頭に述べた川崎九淵翁の不満は、レコードに録音されてしまうと、このコミの「気」のようなものが伝わってこないことに対するものであったろう。実演に際しては、演者はしばしば心の中で「ツ」とか「ウン」とか言ってこの「コミ」を持ちこたえているのである。禅竹が「囃子の役の者は、舞歌音曲に従え」と言った本意は、この「間」を微調整することによって音曲に適応せよという意味であったに相違ない。

実際、現在の能の拍律法では、「コイ合イ」、「三ッ地」が配されている歌詞において、物理的な八つの拍はほぼ完全に無視されて、前々頁の図のように謡われている。大ざっぱに拍の数を字の右に記した。「コイ合イ」、「三ッ地」のときの謡と、「ツヅケ」の時の謡が、全く違う間合いで謡われていることがわかるだろう。

前にあげた八ッ割法で記載したもの（一一三頁の図）と違って、「コイ合イ」、「三ッ地」のクサリの物理的時間は、詞章を平均的に謡うことによって短縮されて、その中には大鼓の第三拍と、小鼓の第五、七、八拍が詞章に応じて配されていることがわかるであろう。ことに大鼓の第三拍と、小鼓の第五、第八拍は絶対であって、その間の詞章の伸び縮み、謡い方がたとえ変わったとしても、ほぼ絶対的な位置を占めながら「クサリ」の持つ「間」を決定しているのである。ことに小鼓では、下半句の字数が増えて正確な物理的位置で五、七、八拍を打つ場合には、「コス三ッ地」といって逆に例外化しているのである。

この三、五、八拍によって成立する非物理学的時間から謡が逸脱すると、謡い手は「間」がとれていないということになり、またこれらの拍を、謡の一句の中に正確に認識して打つことができない囃子方は「間」が悪いと評せられる。その「間」を発見し、打音の絶対的な位置を知ることが稽古なのである。そうはいっても、実際にはそれぞれの演者で打点には多少の遅速があって、それが音色の違いとともに、能の囃子方の個性となっているのだ。

このほかにも、一一三頁の図の例に現れた大鼓のツクスマ（キクなどの手も同様）のように第一拍だけを打ってあとは掛け声だけで「間」を作り出したり、長い掛け声とともに第一拍だけを打ってあとは謡い手と小鼓に委せるという技法が、大鼓では多用される。小鼓は、この際大鼓の打音から「間」すなわち「コミ」をとりながら、歌唱に応じて句の後半、ことに終末部分を決定してゆく役割を担う。この際、いずれの楽器が主になり従になるかは、もともと決まりがあるわけではない。「コイ合イ」が、もともと「乞合イ」からきているように、相互の要請によって共有される「間」が成立するのである。しかし実技では、「間」を最も正確に決定する能力のあるものに他が従うことになるようである。

「間」の実現するもの

このような複雑な経緯で成立した「間」は、きわめて相対的な関係でありながら、実際には絶対的な感覚として教え込まれる。能や囃子の稽古をしたものは、きわめて単純な手組を、曲趣に応じて謡曲や笛の旋律に打ち込んだり、あるいは囃子の手組からはずれぬように謡い舞いすることが、いかにむずかしいかを体験したに相違ない。それを体得するために何十回も繰り返し、あるとき「これでよい」ということになると、もはやはずれることはなくなる。

それでは、このようなやっかいな「間」などというものを、日本人はなぜ作り出したのであろうか。

能の音楽に限って言えば、能のコスミックな音楽表現は、まさにこの自在な「間」の存在に依存していると私は考える。物理的、時計的な時間とは違う、ふしぎな時の流れ。それを刻む決して正確に等間隔ではない身体的なリズム。波の打ち寄せるような、星のまたたきのような運動。カオスのゆらぎのような遠い感覚。子宮の中、羊水をたゆたっている胎児のような原始的な記憶。それらは、能楽堂で私たちが体験するふしぎな時間である。

そのリズムが能楽師の肉体を介して私たちに伝わるとき、私たちはそれを「ノリ」として享受する。現在使われている「ノリがよい」などの言葉は、もともとは能からきている。それは、複雑な「間」を積み重ねて成立する、慣性とそれを吸収する逆作用とを含んだ身体的リズムである。規則的でありながら全く自由で、伸縮、膨張自在な時間の感覚である。日本人はおそらくそこに、自然との一体感を感じたため、この種の音楽が発展していったのではないだろうか。

それが、「コイ合イ」という日本人独自の音楽的発明を基礎に発展したものであることを強調したい。歌舞伎の下座音楽の「チリカラ」などは「コイ合イ」の変形である。旧制高等学校の寮歌で打たれる大太鼓の打点も、それに似ている。

しかし、能の成立、完成過程を通して作り出された「間」の感覚は、決して能という音楽劇の中だけのことには止まらなかった。おそらく同じ時期に始まり、同じく二世紀近くを費やして完成した「茶」や、「造園」、「水墨画」などの世界も、共通した「間」の感覚を共有していたのではないだろうか。あるいは、この身体的「間」の感覚こそ、日本において独自に完成された「禅」の基礎にもなったのかもしれない。

「間」というのは、前述の通りネガティヴな「非存在」ではなくて、存在するもの相互の間に存在する緊張した時間と空間である。目に見える実体、あるいは耳に聞こえる音を取り去ったことによって新たに生成された何ものかなのである。

そんなものを作り出したのは鎌倉期以降の日本人である。その起源を正確に知ることはできないにしても、私たちは「間」の成立の過程やメカニズムを、少なくとも能の音楽の成立をたどることによって確かめることができた。このような積極的な意味を持つ「非存在」の時空を発明した国民は世界中他にいないであろう。

この「間」はやがて、日常生活の中にも侵入し、日本人独特の生活規範になってゆく。お互いの間に「間」を計り、それを微調整することによって孤立を避け、上下左右の流動的関係を作り出してゆく日本人の本性は、このあたりに基礎を持つのではないだろうか。それは二拍子、三拍子、四拍子などの確定したリズムで構築してゆく西洋音楽のリズム法とは異なった時間の計り方であり、同じく規則的な距離をおいて成立する個人主義的人間関係とも違った距離感をもたらす。

日本人が、そして日本文化が、度重なる分裂や断絶の危機を常に回避しながら同一性を守り得たのは、「間」によってゆるく成立していたしぶとい関係のおかげなのかもしれない。

一方、本当の意味での断絶や孤独を経験することなく、空白の中での孤立に耐える力を養うこともなく、常に「仲間」的集団の中でしか快適に生きることができなくなったのも、この「間」が肉体に棲みついてしまったからなのかもしれない。それが日本人の「世間」という感覚の基礎になっている。現在の日本人は、「間」の広がりの感覚と創造性を享受するとともに、現代という「存在」優先の社会で、自らの曖昧な「間」とたえず戦ってゆかなければならないのかもしれない。

日本人とコイアイの間

「コイアイ」って、いったい何。そう思われるに違いない。

日本人の「間」の感覚を理解するために、いささか専門的な「コイアイ」のことに、ちょっと触れておかなければならない。お能の音楽では非常にポピュラーな、「コイアイ」という「間」。その感覚は、日本人、そして日本文化に固有の「間」を理解する重要なヒントになるのだから。

能楽堂に行って聞くともなしに能の囃子を聞いていると、段々眠くなってくる。それは心地よいノンレム睡眠である。脳にはゆったりとしたα波が生じている。時々薄目を開けて舞台を見ると、さっきと同じところにシテが座っている。また目を閉じてしばらくすれば能は終っている。これがお能の鑑賞である。

脳にα波を励起し、心地よい眠りに誘うのは、能の音楽に含まれている「コイアイ」の間である。この魔法のような間について、まず眺めておこう。

お能の音楽は基本的に八拍子である。お経のように聞こえても、一拍から八拍までが演者の心の中に刻まれている。拍と拍の間の伸縮はあるが、打楽器はこの八拍子をいつも刻んでいるのだ。

それぞれの楽器がどの拍で何を打つかというその譜を、「手」とか「手組」とか呼んでいる。

その最も単純な手が「コイアイ」である。大鼓が八拍目を小さく打って、それから長いヤアー、ハアという掛け声を掛け、三拍目をチョンと強く打つ。小鼓がそれを聞いてヤアの掛け声で五拍目をポンと打ち、ついで間をおいて七拍八拍を打つ。これだけのひどく単純な手組である。能の中では数限りなく出てくる。太鼓にも同じ名の手があるが、ここでは深入りしない。

なぜ「コイアイ」が、そんなに重要な意味を持つのか。それは大鼓が打つ三拍が、音を消去した長い間をおいて打たれるため、打ち手によって少しずつ違うことから始まる。その音のない間を聞いて、小鼓が打つ三つの音の位置を、これも自らの体内の感覚で設定するのだ。だから二人の演者が「コイアイ」を打つ時は、二人の間に、「間」の強い緊張関係が生まれる。

「コイアイ」という言葉の起源は定かではないが、「乞イ合イ」であろうと言われている。つまり複数の演者が、音を要請し合いながら作り出す間が、「コイアイ」の間なのである。

同じ「コイアイ」の手を打つとしても、その間は曲によって異なる。神の現われる能の「コイアイ」は、荘厳に長い間を持って打たれるが、鬼の能では短く急調な間が作り出される。美しい女の能では、「コイアイ」の間はゆったりと柔らかなものになる。一曲の中でも、場面や謡の内容によって、「コイアイ」の間は微妙に伸び縮みする。それが私たちの脳にα波を作り出す「ゆらぎ」のもとなのである。

「コイアイ」の間は、演者によって少しずつ違う。囃子方一人ひとりが、違う「コイアイ」の間を持っているのだ。するとこの間は、個人の所有物であると同時に、別の間を持つ他の演者との交流の手段となる。お互いに相手の間を計りあって、「乞イ合イ」ながら自分の間を打つのだ。その時、相手の間に合わせて打ったのでは駄目で、お互いに自分の間で打ち合うことによって、能の囃子は緊張感を持ち、刺激的、立体的なものになるのだ。

これが「コイアイ」の間の、私なりの説明である。これを知った上で、日本人の「間」について少し考えてみよう。

「コイアイ」の間は、きわめて相対的な、あいまいなもののようにみえるが、実際には百分の一秒たりとも動かせない絶対的なものとして教えこまれる。何しろ能の囃子方は、この間を絶対的なものにするために、幼少のころから徹底的に訓練されるのだから。それによって、「間」は演者の肉体的なものになり、きわめて個人的な所有物になるのだ。異なる間を持った楽師たちが、妥協せずぶつかり合うことによって、能は逆に独特の一体感を達成する。「コイアイ」の間の原理が、それを可能にしたのである。

しかし、能が作り出したこの「間」の感覚は、能という音楽劇に止まらず、日本文化のさまざまな部分に浸透している。茶、庭、水墨画などの「間」は、「コイアイ」の間と同質のものだと私は思う。八拍から三拍まで、音を取り去って作り出した長い間、それを聞くことによって成立した小鼓の三つの音の配置、その緊張関係が、日本人独自の時空の発見につながったのではないだろうか。

「コイアイ」の間は、やがて日本人の日常生活の中に侵入し、独自の生活軌範になった。お互いの「間」を計りあって、それを微調整することによって孤立化を避け、上下左右の流動的関係を作り出す日本人の知恵は、「コイアイ」の間に同源を持つ。

しかし、「世間」や「仲間」など、間を持つ集団に安住することで、孤独や断絶を避けてきた日本人は、ここでもう一度、「コイアイ」の間の原点に立ち返る必要があるのではないだろうか。「コイアイ」の間は、あいまいで相対的なものではなく、一人ひとりにとって動かすことのできない、個別的絶対的なものであった。日本人が個を確立してゆくためには、このギリギリの間の関係を取り戻す必要がある。個の持つ「間」のぶつかり合いを恐れて、自分の「間」をあいまいにしてしまうと、「乞イ合イ」の間でなく「慣れ合い」の間になってしまう。

ビルマの鳥の木《バードトリー》

インヤレークホテルの前は広々とした森で、盆栽のさつきの木を引き延ばしてまあるく刈り込んだような大木が、見渡すかぎり生えている。私の部屋は五階の中央なので、広い窓からこの木々を見下ろすような位置にあった。

森のちょっと手前、ホテルの前庭の向こうに、幹の白い大木が一本離れて立っている。これも夕空に向かっていっぱいに枝を広げていた。

ホテルのボーイに聞いても名前がわからないので、私はこの木を白い木《ホワイトトリー》、奥の黒い木々を黒い木《ブラックトリー》と呼んでいた。あとで、同行した長崎大学の生物学者・小路武彦《こじたけひこ》さんが、白い木《ホワイトトリー》はビルマ語でティット・ポープ、黒い木《ブラックトリー》のほうはカティットと呼ばれていると教えてくれた。熱帯のこの国のどこに行っても、この二種類の木は、まるで根っこがどこかでつながっているようにはびこっていた。

このホテルの前も、視界の届く限り黒い木《ブラックトリー》がつらなった密林で、これがビルマの首都とは思えないほどだった。ただ、ホテルの裏のほうにはゴルフ場やプールがあって、手入れの行き届いた庭が、広々とした緑の湖、インヤレークにつながっている。

レークの向こうには政府の要人の住宅があるそうで、夜になるとキラキラと明かりが湖水に映り、軍のサーチライトが、時々スッと尾を引いてこちらを向くのが見えた。後になって、ビルマの民主化運動の象徴的存在アウン・サン・スー・チー女史が軟禁されたのも、そのあたりである。

ミャンマーがまだビルマといっていたころ、熱帯の伝染病とその対策のための研究協力で、一九八七年に初めてこの国にきた。日本では想像もつかないような伝染病がまだビルマには残っていた。リウマチ熱、結核、ポリオ、悪性の下痢、敗血症など、もうほとんど教科書でしかお目にかかれない病気が、ごく無雑作に病院の中にあった。私は、死と隣り合わせにあえいでいる子どもたちが入院している暑い病院に接した生物医学研究センターに通うことになった。

もともとこの医療協力プロジェクトは、欧米とはほとんど正規の外交関係のないビルマが、日本の国際協力事業団に感染症対策の研究協力を求めて成立したものである。日本側の団長の浜島《はましま》義博《よしひろ》・京都大学教授（現・武蔵野《むさしの》女子学院長）は、長年にわたってこのプロジェクトを情熱的に推進し、一度は原因不明の感染症にかかって死地をさ迷いながらも現地に留まった。ビルマでは別格の人として慕われていた。

私は、首都ラングーンの二つの医科大学で、消化管の免疫についての講義と研究指導を行うためにここに滞在することになった。南アジアの開発途上国、それもほとんど内情の知られていない国に来たのは初めてであった。

当時もいまと同じように軍事独裁政権が支配していたビルマは、私にとってすべてが驚きだった。国を南北に流れる滔々《とうとう》としたイラワジ川流域は豊かな穀倉地帯だが、国は米不足に喘ぎ、国連からは「世界最貧国」というあまり嬉しくない指定を受けている。都市も農村も貧しく、ほとんど現金収入がないにもかかわらず、人々は楽天的で笑顔を絶やさない。分解寸前のような幌付《ほろつ》きトラックに、鈴なりになって人が行き交っている。軍人以外のほとんどすべての男女が、ロンジーというスカート様の民族服を身につけていて、研究所でも政府の機関でも、洋服、ズボン姿というのは見かけない。

もっと驚いたのはこの国の通貨である。何しろ単位が四十五チャットとか三十五チャットとか、ひどく半端なのである。その理由があとでわかった。ある日突然軍事政権が、「本日ただいまから百チャット紙幣を無効にします」という放送を行うと、百チャット高額紙幣がその日から紙切れ同然になってしまうのである。こうして百とか五十とか区切りのいい紙幣は存在しなくなったのだ。

私たちがビルマを訪れた一九八七年にも、七十五チャット紙幣が停止された。当然困るのは、高額紙幣で貯蓄していた商人であるが、親元から仕送りを受けていた学生などへの打撃はもっと痛ましい。

当時の日本国全権大使、大鷹《おおたか》大使の晩餐会でこの話を聞いて、私は「もし私がこの国の学生だったら暴動を起こしますよ」といった。あとで「壁に耳あり。ここは軍政の国、気をつけたほうが

書名		読者カード

●本書のご感想および今後の出版へのご意見・ご希望など、お書きください。
（小社PR誌『機』に「読者の声」として掲載させて戴く場合もございます。）

■本書をお求めの動機。広告・書評には新聞・雑誌名もお書き添えください。
□店頭でみて　□広告　□書評・紹介記事　□その他
□小社の案内で　（　）　（　）　（　）

■ご購読の新聞・雑誌名

■小社の出版案内を送って欲しい友人・知人のお名前・ご住所

お名前　ご住所 〒

□購入申込書（小社刊行物のご注文にご利用ください。その際書店名を必ずご記入ください。）

書名　冊	書名　冊
書名　冊	書名　冊

ご指定書店名　住所

都道府県　市区郡町

郵便はがき

料金受取人払

牛込局承認

8643

差出有効期間
平成31年1月
14日まで

162-8790

（受取人）

東京都新宿区
早稲田鶴巻町五二三番地

株式会社 藤原書店 行

ご購入ありがとうございました。このカードは小社の今後の刊行計画および新刊等のご案内の資料といたします。ご記入のうえ、ご投函ください。

お名前	年齢

ご住所 〒

TEL　　E-mail

ご職業（または学校・学年、できるだけくわしくお書き下さい）

所属グループ・団体名　　連絡先

本書をお買い求めの書店	
市区郡町　　書店	■新刊案内のご希望　□ある　□ない ■図書目録のご希望　□ある　□ない ■小社主催の催し物案内のご希望　□ある　□ない

リレー連載 近代日本を作った100人 43

新渡戸稲造——近代日本を牽引した「真の国際人」

草原克豪

「インターナショナル・ナショナリスト」としての生き方

新渡戸稲造は近代日本の稀にみる発信者であり、真の国際人であった。若い頃に「我、太平洋の橋とならん」と志して、生涯にわたって西洋の思想・文化を国内に紹介するかたわら、むしろそれ以上に、日本の思想・文化を世界に発信したのである。この点において彼の右に出る者はいない。

新渡戸の『武士道』は、今なお国内外で広く読まれている名著だが、この本で著者は、西洋人に対して「日本はキリスト教国ではないがそれに劣らない倫理道徳がある」ということを主張した。国際連盟事務次長に就任すると、西洋中心の近代社会の中で東洋的知性の代表として存在感を発揮し、「東洋と西洋が互いに学び合う」必要があることを身をもって示すとともに、日本の国際的地位を高める上でも重要な役割を果たした。

またアメリカの日系移民排斥や、満州事変後の反日感情の高まりに際しては、アメリカ各地をまわって日本の歴史・文化を始めとする諸事情を幅広く紹介しながら、日米相互理解と友好の促進に努めた。

こうした発信活動を支えていたのは、祖国日本と世界平和のために尽くすという、「公に奉じる精神」である。それは愛国心と国際心を持ち合わせた新渡戸が目指した「インターナショナル・ナショナリスト」としての生き方でもあった。

人格主義の教育者

新渡戸は日露戦争の後、第一高等学校(旧制一高)の校長に就任し、新時代の要請に応えられる指導者の育成に取り組んだ。当時の一高は俗世間を一段低く見て排他的な世界に閉じこもる籠城主義や、剛健主義の校風で知られていたが、折から国家主義的思想が強まる一方で、西洋の社会主義思想などの影響を受けて価値観が混乱する中、迷い煩悶する青年が増えていた。彼はそこに「社交性(ソシアリティ)」を持ち込んで校風を一新したのである。

彼は、東洋には西洋におけるような人

た。多田先生が倒れられたあと、シアタートラムだったかシアターX《カイ》だったかに現代劇を観に行った時ではないかと思う。ほとんどの観客が席についた頃、背後の扉が開く音がし、少し荒い息がした。どういうわけかわからないが、私は多田先生が来たとわかった。

▲多田富雄（1934-2010）
撮影・宮田均

　そっと後ろを向いて確かめると、本当にそうだった。車椅子の上に先生がおられ、奥様がその介護をしておられたと思う。舞台は確か多少の前衛性を漂わせた若い劇団のものだったような気がする。なぜなら、私は多田先生が「また学んで」おられると思ってびっくりしたから。頭が下がると同時に、その貪欲さに恐ろしささえ感じたものだった。

　さて、そんな多田先生の新作能と能論を収めた本著にこうして文章を書けるのは僥倖であり、やはり同時に恐ろしい。すでに亡くなってしまった多田富雄はそのように私の中で超自我に組み込まれてこの世を見張っているのだと気づくと、もはやそれが能としての機能のひとつであることは言うまでもなく、多田先生はいまや舞台の裏、そもそも世阿弥が「後ろ戸の神」がいるといったあたりに、ノートを持ってじっとしているような気もしてくる。（構成・編集部。全文は本書所収）

（作家、クリエーター）

「自己と非自己」を問うた免疫学者にとって、「能」とは何だったのか？

「多田先生」と呼ぶ私

――『多田富雄コレクション　4死者との対話』（全五巻）刊行に当って――

いとうせいこう

「先生」としての多田富雄さん

学生時代から多田富雄さんの著作はよく読んでいたが、ある時を境に私は心の中で「多田先生」と呼ぶようになった。他人を「先生」と言うことがほとんどない自分の、これは意識的な行為である。

かつて松岡正剛氏と二人でさる企業の泊まり込みでの役員研修に携わった折、そこにゲストの一人として多田先生が現れたのだった。免疫学界の大家として「自己と非自己」のお話をされるのが大筋であったが、多田先生は他のゲストの話を前日から後ろの方で聞き、ノートさえ取っておられたと思う。

多田先生のことはなぜ強烈に記憶しているかと言えば、事務局によって研修生の後ろに並べられた「教師」側の著作のうちの私の戯曲集、それも『ゴドーは待たれながら』というベケットへの返歌を手にとられているのを見たからだった。

ちょうどそばを通りがかった私は、そもそも尊敬している人が自分の本の中身を読んでいることに緊張し、立ち止まってしまった。するとそれに気づいた多田先生はこうおっしゃるのだ。

「この戯曲は上演されましたか？」

「はい。以前、シティボーイズというコントグループのきたろうさんで一度」

多田先生はため息を少しつき、

「ああ、それは見たかった」

と言われた。私は驚いた。私の戯曲から学ぶ点などないと思ったからであり、それでも「どんな機会も逃さず学ぼう」とする多田先生の、上下を作らない公正な態度、そして飽くなき好奇心に度肝を抜かれたからである。

そしてもちろん、私はそれ以前に増して多田富雄を尊敬するようになった。今度は人間としての大きな敬意も加わっていたから、当然「先生」と呼ぶことに疑いはない。

飽くなき好奇心

もうひとつ、その後こんなこともあっ

▲大田堯氏（1918-）

けぼの〟の時代と考えてきました。
軍隊はつくらない、戦争はしない、農地改革が実行され、女性の選挙権も獲得され、教育では六・三・三制、すべての子どもに、少なくとも中学校までは教育が保障される、それらがとりあえず次々と実行された時代でもあります。しかし、朝鮮戦争を機として、事態はうちつづく保守政権のもとでほとんど一途に、むしろ復古へと向かい、今に至っています。

もっとも、私の危機意識は、単に現在の教育・社会情況、当面の政治状況、政権云々を超えて、実は世界全体の動向の中に、真の危機がひそんでいると考えています。それは、世界全体をつつんで、モノ・カネに傾いた経済中心の風潮の支配下での人間の状態、具体的には生命でつながる人間関係の著しい孤独化と格差化にあると思っています。これに対して、生命とその背景にある大自然への私たちの深刻な反省にたった、草の根からの対応の在り方こそが、個人にとっても、社会にとっても、今緊急な課題だと思っています。

私の『自撰集成』の補巻はその課題への挑戦であり、ささやかな「かすかな光」として、読者のみなさんに訴えるものであることを願っております。

（おおた・たかし／教育研究者）

朝鮮戦争の「休戦協定」なのである。

金日成主席が生前のときから、朝鮮半島の非核化問題は懸案となって論議されていたし、世界的な関心事でもあった。北朝鮮の核装備は絶対認めないというアメリカの主張に対して、金主席は一貫して同じことを言い張っていた。主席の跡を継いだ偉大な人も今の若い絶対権力者も、金日成主席の主張をそのまま引き継ぐと重ねて言ってきている。私は若いみぎり、朝鮮総連から無体な仕打ちを受けてきた経緯もあって揶揄まがいな言い方をしてはいるが、金日成主席が提起した内容は今もって有意義だと思っている。

それは「休戦協定」を国連軍、つまりアメリカとの間の「平和協定」に締結し直そうという提起である。「平和協定」が実現すれば、北朝鮮が核装備をする理由はなくなる、とも金主席は強調していた。だがアメリカは依然としてそれに応じようとしないばかりか、頭から無視してきている。金大中氏が大統領となった九〇年代末の一時期、「太陽政策」を打ち出して南北対話の機運が盛り上がりもしたが、八〇年代終わり頃からの旱魃で多くの農民の餓死が続いた余波が極度の経済停滞をきたしていたので、北朝鮮はもう持たないのではないかという風聞が世界を駆け巡りもした。アメリカは北朝鮮のこの経済的困窮を見越して、北朝鮮との間に平和協定が成立すれば金王家体制の強化につながるとの観点から、ひたすら北朝鮮の崩壊、自滅を待つという姿勢にとって代わった。それ以来、北朝鮮の核保有だけを規制して今日に至っている。

対話の場をどう作り出すか

なぜ私がそのことに触れるのかというと、周知のとおり一九七〇年から今年へかけて延々と、時には原子力空母までを動員して、アメリカ軍は韓国軍との合同軍事演習を軍事境界線ぎりぎりで、多いときは延べ二〇万、三〇万規模で実施してきている。日本の人たちにとっては対馬海峡を隔てた向こう側での軍事演習なので、緊張することも緊迫感すらも感じない。しかし**年二回もの大軍事演習が二か月余りもあの敏感な軍事境界線をはさんで重火器の砲煙を噴き上げているというのは、対峙している北朝鮮に極度の緊張を強いることともなっている。**

現在のロシア共和国がまだソビエト連邦であったころ、北朝鮮はソ連との間で軍事同盟、日本でいう安保条約のような条約を結んでいた。軍事条約下のソ連軍と北朝鮮軍がもし、新潟沖公海で二十日間からの大軍事演習を実施したとしよう。日本の皆さんも想像してみよう。原水爆を搭載した戦艦、潜水艦、空母が眼前に迫っているわけだから、日本は完全にパニックに陥るはずである。このような実態を踏まえると、北朝鮮だけを一方的に責めるわけにはいかない。朝鮮半島北半分の小さい国が、それほどの軍事的脅威に曝されると、全身ハリネズミのように身構えざるをえなくなるのも、無理からぬことなのである。国家を総動員するために、求心力となる「百戦錬磨の英将であらせられる金日成将軍」さまの神格化が始まった、といってもいいくらいの事情を北朝鮮はかかえてもいる。日本の人たちはもう忘れてしまったのだろうか？満洲事変から太平洋戦争が終わるまで、天皇という求心力があったからこそ日本は戦えたということを。北朝鮮も日本のその、天皇制を真似ているのかも知れない、と思える節さえある特権体制なのだ。

好き嫌いは別にして、北朝鮮は国連にも加盟している主権国家である。金正恩はその主権国家の若い元首である。昨年につづけて今年も二度にわたって行われた米韓合同軍事演習の作戦名は、「金正恩斬首作戦」というのだそうだ。一国の元首に対してあまりと言えばあまりな言い分であり、あからさまにすぎる挑発である。金正恩将軍さまがいきり立つのも、それは無理からぬ話というものだ。北朝鮮は今に潰れると、大方の人が自滅することを望んでいる。しかし国家とか権力というのは物理的法則も超えているものでもある。北朝鮮は、朝鮮民主主義人民共和国は潰れやしない。北朝鮮の国民が一定量生きている限り、金王家体制は絶対倒れない。私がなぜ好きでもない北朝鮮に肩入れをしているようなことを敢えて言っているかというと、好き嫌いを先立てずに北朝鮮の核装備問題を見つめ直してほしいからである。

冷厳なる事実として、北朝鮮はすでに核、それも水爆を持ってしまっている。いかに制裁圧力が加えられようと、北朝鮮が核・ミサイル開発を中止する可能性は万に一つもない。事は明白である。**北朝鮮との対話の場をどう作りだせるかにかかっている。**休戦協定を平和協定に結び直すことは北朝鮮の切実な提起であったことを想起するとき、戦後補償、拉致問題等々、日本はそのきっかけを作りだし、橋渡しができる有効なカードを持っている。

今、日本は何をなすべきか

三六年に亘って日本は朝鮮を植民地統

治した。「江華島条約」からすると五〇年になんなんとする年月である。日本は戦争に敗れてポツダム宣言を受諾し、植民地を手放してそれまで戦争をしていた国々と関係を修復してきたにも拘わらず、北朝鮮とだけは未だ友好条約のようなもの話し合いすらしたことがない。つまり北朝鮮にすれば、日本は今もって〝敵国〟なのである。対立している国の「五人や十人、拉致して何が悪い」「お前らは二百万人近くも強制徴用、強制連行したではないか」という強弁が働きもする。とは言っても、これは道理のない強弁である。植民地統治下で私たちの同胞が日本に強制連行、強制徴用されたのは、朝鮮民族全体の受難史だ。北朝鮮が日本の国民を何人も拉致したというのは、特定の国家による国家暴力である。民族的受難と特定国家の暴力とが、同等、同質であろうはずがない。

アメリカの旗振り役を演じて声高に制裁強化、圧迫包囲を叫んで回るよりも、日本はまず北朝鮮との関係修復を図るための働きかけをすべきである。北との間で関係が開かれてくれれば、小さい風穴となって外の息吹きも吹きこんでいく。ラジオの周波数を規制したり、テレビチャンネルの規制もできなくなる。北朝鮮の国民の最たる不幸は、政治の動向は国民の意向によって定まるという、民主主義の基本を知らないところからもたらされている。北の絶対権力者が一番恐れるのは、特定の神様のような権力者が存在しなくても、国は成り立っていくということを国民が知ってしまうことだ。物理的な対応を持ってしては、北朝鮮の権力機構は絶対揺るがない。日・朝間の交流が開かれてくれれば清新の風となって、必ず北の国民の心に届いてゆく。

ところが日本は依然として、北朝鮮の非を鳴らしてばかりいる。**アメリカを軸とした日本、韓国の三国間の安保条約が、北に対するがんじがらめの枷になっているからでもある。一九五三年休戦協定成立直後にアメリカと韓国との間で締結されたのが、韓国を反共の橋頭堡化する「韓米相互防衛条約」である。**同年一〇月一日をもって発効した。軍事独裁を欲しいままにした朴正熙軍事政権は十八年も続いたが、その軍事政権も民衆の広範な民主化要求闘争で国内が揺らぎだすと、その都度「韓米相互防衛条約」による安保大権を振り下ろした。**条約の第三条には「朝鮮半島に於ける唯一合法政府は韓国政府である」と規定されている。**その韓国の政権が危機に陥れば、いつでもこの防衛条約は発動されるようになっているのである。アメリカと日本との安保条約にも、また、日本と韓国との修交条約にもその文言はそのまま入っており、これらの条約の性格からして**北朝鮮は合法性を持たない、対象外の国なのである**。その無視されるはずの北朝鮮の核問題で、日・米・韓の三国はいま頭を痛め、強圧を効かせてでも対話の場に北朝鮮を引きだす必要があると、国際間の協力を声高に求めてもいる。取って付けたような正当論である。

日・米・韓の間ではとっくに、実質的な集団防衛体制はでき上がっていたのだ。したがって昨年九月の安保法制関連法案の成立は、自衛隊の海外出兵が主眼目の法的整備であったものでもある。これで北朝鮮との対話は硬直し、力づくの感情的対決はますます拍車をかけてゆくことであろう。北朝鮮の弾道ミサイルへの執着もまた、一層深まるばかりのものとなる。トランプ大統領がうそぶくように、たとえ北朝鮮が壊滅されようとも北朝鮮は決して自分らだけでは死なない。必ず日本を道づれにする。

日本にある米軍基地、日本海沿岸の原子力発電所は、弾道ミサイルの精度が高度に高くなくても、容易に攻撃できる対象である。特に米原子力空母の基地である横須賀は格好の標的だ。**何かあれば首都は損壊し、何百万の市民が焦熱地獄に見舞われるのは明らかだ。**

何がなんでも対話の場が作りだされねばならない。休戦協定の平和協定化こそ、北朝鮮を協議の場に坐らせる可能性が最も高い、話し合いの手がかりである。煽られてはならない。煽っている者を見届けよう。

（キム・シジョン／詩人）

「遅すぎることはない！」80年代の話題の書『原子力帝国』著者の遺書！

テクノクラシー帝国の崩壊

山口祐弘

本書は、『原子力帝国』の著者として知られるロベルト・ユンクの *»Projekt Ermutigung, Streitschrift wider die Resignation«* (1988) の翻訳である。『原子力帝国』が西ドイツで刊行されたのが一九七七年であったから、原書の刊行までほぼ一〇年が経過していたことになる。その間、アメリカのスリーマイルアイランド（一九七九年）、旧ソ連のチェルノブイリ（一九八六年）における原発事故があり、『原子力帝国』で警告されていた原子力発電の欠陥と危険性とが世界的に露わになるに至った。わが国においては、一九九五年高速増殖炉もんじゅのナトリウム漏れ事故、一九九九年茨城県東海村のＪＣＯにおける核燃料製造工程での臨界事故、二〇一一年の東日本大震災に伴う東京電力福島第一原子力発電所の炉心溶融、水素爆発、放射能汚染事故、さらには二〇一七年日本原子力開発機構における作業員被曝事故と、将来に暗い影を落とす重大な事故が次々と発生した。「原子力帝国」を別世界の架空の物語としてではなく、身近に迫る現実として受け止めざるをえない状況になっているのである。

そうした状況に身を置いて見るならば、著者ロベルト・ユンクは『原子力帝国』の刊行後、何を観察し考えていたのかに関心が持たれる。一九九四年に亡くなった著者の生の声を聞くことはもうできない。だが、それに代えて、いま前にしている著作は、その後の著者の問題関心と思索の方向を知る上で貴重な遺書となることであろう。

原子力帝国とは

原子力帝国とは、核分裂によって生じるエネルギーを主要な電源とする国家のことである。しかし、軍事的な核エネルギーの利用ならばともかく、それを発電に応用することが、どうして「帝国」と呼ばれる国家形態と結びつくのか。帝国とは、絶対的な権力を握る皇帝が統治する国家のことであり、民主主義からかけ離れた形態である。しかし、原子力の導入と原子力産業の超近代的な発展は、市民の権利を抑圧し、民主主義を損なう形で進められ、全体主義的な雰囲気を作りだし、新たな専制政治を出現させるのではないかという危惧が持たれているのである。そこで「皇帝」ないしその廷臣として権力を振るうのが、**原子力政策の推進と産業の発展を担う技術官僚（テクノクラート）に他ならない。**

　こうした「帝国」の出現は、核エネルギーの開発が軍事利用と平和利用の別なく、大きな危険を伴うということに起因する。一九四五年のアメリカ軍による広島、長崎への原子爆弾の投下によって明らかになったのは、核兵器が威力と破壊の規模において従来型の兵器と比較を絶するだけでなく、人類が経験したことのない放射線障害を引き起こすということであった。この放射能の脅威が平和利用と呼ばれる原子力発電においても決して除去されておらず、ひとたび事故が起きれば原子爆弾に劣らない汚染を引き起こすことは、チェルノブイリ、福島《フクシマ》の経験に照らして、もう疑う余地はない。この点において、核エネルギーの軍事利用と平和利用の間に一線を引くことはできないのである。

　それだけでなく、原子炉の中では、安定的なウラニウム２３８が中性子を吸収して自然界には稀な核分裂を起こすプルトニウム２３９に変わる反応が起こっている。これは、再処理して新たな燃料として利用することができるが、同時に原子爆弾の原料にもなりうる。平和利用が軍事利用への道を用意するのであり、その転換はいとも容易になされうるのである。

　こうした危険性があるため、核エネルギーの開発はそれだけ慎重になされ、施設と人員は厳重に管理・監督されねばならない。技術的な欠陥はもとより、人為的なミスも些かも許されない。比類なく過酷な作業環境に対応する厳重な管理体制が必要となる。それは、作業員の気紛れな行動は無論のこと、自由な創意や工夫を許さない統制に繋がっていく。こうして、全体主義的な体制が創り出されるのである。

民主主義への暗い影

　こうしたことが求められるのは、言うまでもなく安全性の確保のためである。安全性とは、第一義的には、人間にとっての安全性であり、施設の周辺ひいては立地地域の全住民にとっての健康、生命、財産のための安全性である。だが、それは、逆転して、稼働中の施設と企業にとっての安全性という観念に転化する。危険

▲ロベルト・ユンク（1913–94）

性に目覚めた市民が疑いの眼を持ち抗議に押し寄せることこそが危険であり、市民の行動こそが警戒・監視されるべきだという意識が生まれる。原発再稼働に対して住民が起こした差し止めの仮処分を求める訴訟を担当する裁判官の判断に対して、「司法リスク」という言葉までが口にされるほどである。こうして、**市民の生活権を脅かし、世論を封じようとする風潮が広まっていく。それは、民主主義の根幹を蝕み、市民の管理・統制を強める傾向を生む。こうして、全体主義的な体質を持った「原子力帝国」が出現するに至る**のである。

このようなユンクの観察と分析の特徴は、核をめぐる従来の様々な分野（軍事的、技術的、医学的、芸術的、宗教的、心理学的、哲学・倫理学的）での取り組みに加えて、社会科学的・政治学的な考察を加えている点にある。さらには、人間そのものの変貌を指摘している点にある。**原子力帝国には、人間がテクノロジーを用いて自然を支配することが、人間の人間に対する支配に転ずる**という逆説が典型的に現れているのである。**開発の推進者たちは、人間や生命よりも原子力への賭けを優先させ、それを非情な計算によって追求しようとする。**そして、**人間を道具としてしか扱わない非人間的な支配・管理を当然とし甘受する人間類型を作りだしてゆく。**それは、核兵器と核技術の開発が、二度の世界大戦と全体主義の台頭という危機の時代に進められたことと無関係ではないと思わせる。それによって、自由と民主主義を標榜する国家にも暗い影が落とされるのである。

（構成・編集部／本書「訳者解説」より）

（やまぐち・まさひろ／東京理科大学名誉教授）

一九世紀随一のトリックスター、写真家ナダールの決定版評伝がついに刊行！ 写真約二五〇点

19世紀フランスの肖像を描き出した男、ナダール

石井洋二郎

写真は、暴力＝愛の物語

写真を撮ったことのない人はまれだろう。写真を撮られたことのない人は、もっとまれだろう。とりわけカメラ機能をそなえたスマートフォンが普及した現在では、誰もがすぐに写真家に変身することができる。そして私たちはいつでもどこでも、容易に被写体になりうる。「写真を撮る／撮られる」という行為は今やそれほどにもあたりまえの、手軽で日常的な営みになった。

ところで、「**写真を撮るということは、写真に撮られるものを自分のものにするということである**」と、スーザン・ソンタグは夙に述べていた。確かにカメラによって対象をある視点から切り取り、ある瞬間に画像として固定するという振舞いは、被写体を空間的にも時間的にも限定し凍結させてみずからの支配下に置くことにほかならないから、その意味では「所有」の観念に密接に結びついた行為である。逆にいえば、意識的であるにせよないにせよ、写真を撮られる側の人間は画像として切り取られ固定化されることを受け入れる限りにおいて、多かれ少なかれ撮影者にみずからを譲渡し、その権力に身をゆだねることになる。要するに、「写真を撮る」という行為には絶対的な対象化・所有化という事態が必然的に伴うのであり、そこにはほとんど「暴力」に近い機制が働いているといっていい。

だが、果たしてこの暴力は一方的なものだろうか？ 撮影者と被写体の関係は、「所有する者」と「所有される者」という不変的で不可逆的なものだろうか？ そうではなく、撮影者が被写体を「所有」するとき、じつは被写体のほうも撮影者をいくぶんか「所有」し返しているのではないか？ なぜなら一枚の写真に写しこまれているのは、撮影者によって切り取られ固定化された被写体の姿であると同時に、その被写体をそのように切り取ってそのように固定化した撮影者のまなざしそのものでもあるからだ。

カメラをはさんで対峙する撮影者と被写体、両者の交錯するまなざしがこのように「所有」をめぐる双方向的な緊張に支えられているのだとすれば、そのありようは限りなく愛に似る。愛とはとりもなおさず、見る者と見られる者のあいだ

に成立する切迫した力関係にほかならない。レンズを通して醸成される、この濃密な、ほとんどエロティックといってもいい視線の交渉がなければ、写真はどうしようもなく退屈な、単なる技術的所作にとどまってしまうだろう。その意味で、**写真が紡ぎ出すのは何よりも高度に凝縮された暴力＝愛の物語なのだ。**

見る者が見られ、見られる者が見る

以上の前提を踏まえた上で、三枚の人物写真を見ていただきたい。

フランス文学に多少なりとも関心のある人ならば、すぐにおわかりだろう。①はCh・ボードレール、②はG・サンド、そして③はV・ユゴーである。

これらはいずれも、人物を被写体としたいわゆる「肖像写真」である。だが、一見して感じられるように、彼らはただ一方的に見られる存在としてそこにあるだけではない。ボードレールもサンドもユゴーも、自分にカメラを向けている撮影者に視線を注ぎ、無言のうちにこう問いかけているかのようだ――あなたはどのように私のことを見ているのか。私をどのような角度からレンズに収めようとしているのか。私をどのような瞬間に画像として固定しようとしているのか。そしてけっきょくのところ、私とどのような関係を結びたいと思っているのか。

つまりこれらの写真では、モデルに向けられた撮影者のまなざしがそのままモデルたちのまなざしに転写され、撮影者が被写体を対象化しているのと同時に、被写体のほうも撮影者を対象化していることが強く感じられるのだ。**見る者が見られ、見られる者が見る、そうした視線の交錯**こそが、これらの写真を凡百の人

物写真から分かっているのである。

一九世紀フランスの肖像を描き出す

これらの写真の撮影者は誰か？

そう、いずれもナダールである。ナダールは一九世紀フランスを代表する写真家で、一八二〇年にパリで生まれ、九〇年近くに及ぶ生涯を全うして一九一〇年に亡くなった。ここに挙げた三人以外にも、ゴーチエ、ネルヴァル、デュマ・ペールなど、有名作家の肖像写真を数多く手がけているが、作家だけでなく、画家のドラクロワ、作曲家のベルリオーズ、女優のサラ・ベルナール、歴史家のミシュレ、政治家のクレマンソー等々、彼のスタジオで被写体となった有名人は、分野を問わず枚挙にいとまがない。まさにナダールのカメラは、**肖像写真を通して一九世紀フランスの社会・文化の総体を写し出した**といっても過言ではないのである。

このように、ナダールは私たちにとって、常に「見る目」としてあった。彼のまなざしを通して、私たちはボードレールを見、サンドを見、ユゴーを見てきた。しかし先述した通り、そのナダール自身はボードレールやサンドやユゴーによって（そして彼がレンズを通して見てきた多くの同時代人によって）「見られる」存在でもあったはずだ。にもかかわらず、彼を「見られる対象」として語った文献は意外に多くない。確かに彼と交友関係のあった作家たちは回想録や書簡の中でしばしば彼に言及しているが、まとまった形でナダールを対象とした書物はほとんど書かれてこなかった。

けれども少し調べてみればすぐわかるように、ナダールはけっして一筋縄ではいかない人物である。そもそも彼は、はじめから写真家だったわけではない。リヨンの医学校に学びながらも、医学の道をあきらめ、雑文書きで糊口をしのぐようになった彼は、三〇代の半ばまで批評や小説を書きながらジャーナリズムの世界で活躍した後、写真に関心を抱くようになった。しかしナダールの名前が広く世に知られるようになったのは諷刺画家（カリカチュリスト）としてであり、写真家として本格的に活躍するのはその後のことである。しかも彼はそのまま写真家として生涯を終えたわけではなく、四〇代になると気球による空中飛行に情熱を傾けたりもしている。

つまりナダールは、医学生、ジャーナリスト、批評家、作家、カリカチュリスト、写真家、飛行実験家等々、その生涯を通してめまぐるしく「顔」を変えているのであり、およそひとつの定義にはおさまりきいいですよ」と注意されたが、実際私たちが訪れた数カ月前に、ラングーン大学を中心として民主化を求めるために決起した学生を弾圧する流血の惨事が起こっていたのである。そして、半年余り後の一九八八年七月には、ビルマの民主化運動が全土に拡がり、アウン・サン・スー・チー女史を指導者とした民政派が総選挙に圧勝したのだった。

ところが軍事政権は、こともあろうにスー・チー女史を逮捕して自宅に軟禁し、選挙そのものを無効にしてしまったのである。その軟禁は一九九五年七月まで続いた。やがてビルマはミャンマーと国名を改め、首都ラングーンはヤンゴンに改名された。

その大事件のあとの一九九一年、私は再びミャンマーを訪れた。前回訪れたころ開始された第二次研究プロジェクトがどのように進行したかを評価するためだ。

世界中の注目を集めたビルマの政変。しかし、インヤレークホテルはまったくもとのまま、花々に囲まれてそこにあった。街は、その後の強制退去などのためむしろ整備され、数百人の死者を出した流血の跡はすっかり拭《ぬぐ》い去られていた。ただ、ヤンゴン大学と名をかえた医科大学はまだ閉鎖されたままだし、街中にも飛行場にも、銃を持った兵士の姿が目についた。研究所でも、前回出会って記憶していた何人かの顔が消えていた。それを尋ねると、相手が眼を伏せるので、それ以上は聞くことができなかった。

この研究協力事業が、具体的にどれほどの成果をあげたかはここでは書かない。当時はまだ知られていなかったC型肝炎ウイルスを、ほとんど独自に発見するほどの研究が行われていたし、結果として起こる肝硬変や肝癌《がん》の調査、しばしば致命的な乳幼児の消化管ウイルス感染症、アメーバ赤痢の新型病原体の研究など、レベルの高い研究が行われていた。しかし、民主化運動とその弾圧という政情不安のため、総じて研究協力がスムーズに行われていたというわけではない。

そうした揺れ動く政情と悲観的な空気の中で、いますぐに飯の種になるわけでもない基礎的な研究が続けられ、少しでも成果をあげることができたという事実は評価されるべきである。それがこの国の科学者をどれほど力づけたことか。「科学」というものが本来持っている、人を勇気づける隠された力である。

乏しい研究資材、安い給与、相次ぐ政変などに振り回されながらも、日本から派遣された研究者は真っ黒になって研究指導にあたっていた。仕事が終わると、生温かいビルマのビールを飲むために、このプロジェクトで一番古顔の飯田《いいだ》フサエさんの部屋に集まってくる。飯田さんは肝炎研究の専門家で、何年にもわたってここに滞在している。何もかもやりにくいこの国のことをさんざんコキおろしながらも、皆の日焼けした屈託のない笑顔が、ぬるいビールを飲んでいる。

夕暮、正確には五時をまわったころに、インヤレークホテルの前の森がにわかにさわがしくなる。どこから湧いたかと思われるほど、幾千幾万という真っ黒い鳥が、白い木《ホワイトトリー》、黒い木《ブラックトリー》の枝々にビッシリと止まり、飛び移りながら鳴きたてるのだ。その声は、固い球体をこすり合わせるように、キューキューキューと金属性の響きを放ち、満天に広がってゆく。

白い木《ホワイトトリー》の枝々は、止まり切れないほどの鳥にたかられて、赤く暮れなずんだ空に向かって悶えているようだった。丈の低いほうの黒い木《ブラックトリー》も、いまは「鳥の木《バードトリー》」となって全身で声をあげている。その声は、まさに渺々《びょうびょう》と空を覆い、さながら森全体が一羽の巨大な鳥に化したように鳴き叫ぶのである。

この鳥が何という鳥なのか、ホテルのボーイに尋ねてもわからなかった。この国の人は鴉《からす》だというが、日本の鴉とは明らかに違う。体長二十五センチくらいの小さな鳥で、色はたしかに鴉と同じ汚れた黒色である。しかし体はもっと小さくて嘴《くちばし》も短い。声は短くけたたましく、動きもひどく機敏である。昼間は全く姿を見せないくせに、毎日正確に同じ時間に群をなして飛び来たり、一頻《ひとしき》り鳴きたてたかと思うと、三十分もしないうちに一斉にどこへともなく消え去るのである。

この森全体を覆う「声明《しょうみょう》」の合唱は、早朝五時にも繰り返される。夜明けとともにわき起こり、森全体をどよめかせ、これもまた三十分もたつと鳴き声の切れっぱしをいくつか空に残しながら、瞬間的に終わってしまうのである。私の滞在中、この鳥たちの場所がえの儀式は、朝夕必ず同一時刻に繰り返された。

私は、この二度の訪問の間に、夏草に覆われた日本人墓地や、第二次世界大戦のころ日本人兵士の死骸が連なったというイラワジ川の周辺、設備の乏しいマンダレーの病院の床で劇症の感染症と闘っている人たちを訪ねた。

また、あかあかとした夕陽を背景に、三角の尖塔をひととき輝かせたと思うと、一瞬のうちに影の寺院と化してしまう十六世紀パガンの遺蹟をも巡礼した。苦しい生活にもかかわらず毎日喜捨のために訪れる人々で賑わう、金箔に蓋《おお》われたシェーダゴンパゴダ。ヤンゴンの中心にあるこのパゴダこそ、あとで民主化運動の拠点となり、流血の弾圧の中では、国民の精神的支えとなった寺院である。

物資不足でX線写真さえ撮れない病院があるかと思えば、日本からの無償援助の先端医療機器が動かぬまま放置されているなど、いわゆる医療援助なるものがいかに難しいかも実感した。いまでも溶血連鎖球菌の感染症が多く、リウマチ熱のための心臓病があとを絶たないこの国では、心電図なしで心臓弁膜症の開胸手術が行われているという。

仏教国ビルマでは、男子は一生のうち一度は剃髪《ていはつ》して仏門に入る。街を歩いても、赤い一枚の衣を体に巻いた僧たちが托鉢《たくはつ》しているのに出会う。国中にある寺院には少年僧たちがたむろし、寺のどこに行っても参詣の人々が溢れている。

シェーダゴンパゴダのような大きな寺院では、参道に並んだ店舗で花や線香、おみやげなどが売られて、ちょっとした門前市を作っている。老若男女《ろうにゃくなんにょ》、子ども連れや恋人同士も、時間があれば寺にやって来る。花を供え、何事かを一心に祈る。そんな一心不乱の祈りの姿を何度目撃したことであろうか。

二度目の訪問の時期、一九九一年ごろの在ミャンマー大使は、私の中学時代の親友・川村知也《ともや》氏であった。軍政の復活、スー・チー女史の逮捕などで、日本からの援助も打ち切られ、アメリカの人権外交による圧力もあって、手も足も出ない苦しい立場にあった川村大使は、この国の医療や衛生状態に憂慮を示しながらもこういった。

「何しろ援助でお金が入っても、民衆は病院の建設にではなくて、お寺に寄付してしまうんだから」

そこでまた、日本からの経済援助が軍事政権の方を潤してしまって、かえって民主化勢力を弾圧する原因となっているという声を何人からも聞いた。そんな援助はやめて欲しいというのである。

しかし、国外からの援助を絶たれたこの国では、乳幼児の死亡率はますます高くなっているし、病院には抗生物質さえあれば助けることのできる感染症の患者が溢れている。ところが、闇市に行けば、日本製の抗生物質もエレクトロニクスの機器も山積みされているのだ。そもそも、人権とは何であろうか。また人権を外交交渉の手段に使うことが正しいのだろうか。死と生の境で喘いでいる子供たちの人権はどうなのだろうか。

私たちは、日本からの援助打ち切りで荒地と化したマンダレーの病院予定地を視察し、ついで第二次大戦の激戦地であったマンダレー城にも立ち寄った。死のマンダレー作戦の舞台となった古城は、いまは整備されて公園になっている。

そこから数キロ離れた平野を、イラワジ川は滔々と流れている。空の甕《かめ》を組んだ筏《いかだ》や魚獲りの小舟が、ゆったりと行き交っていた。舟に乗って、流れにあかあかと落ちる夕陽を眺めた。この流域は、第二次世界大戦で日本兵の死骸が打ち重なったところである。

バスの窓からは、燃えるような赤い花をつけた火焔木《かえんぼく》が見えた。同行した九州大学前学長の田中健蔵《けんぞう》先生から、戦後、南方戦線の思い出を綴った「花に寄せて――火焔木のうた」（鈴木道明作曲、永倉三郎作詞）という歌があったことを教えていただいた。火焔木、この小文を発表してから何人かの方からこの木が正式には鳳凰木《ほうおうぼく》（*Delonix regia* = *Poinciana regia*）というマダガスカル原産の熱帯樹であることをお教え頂いた。英語では red flame tree または gold mohur tree である。南アジアを旅するといつも見かける、まさに火のように赤い花をつける豆科の樹木である。ビルマ戦線で死を前にした兵士たちは、どんな想いでこの花を眺めたのであろうか。

この旅の間、私は熱帯の激しい生命の営みと隣り合わせに、死というものがひどく身近に存在していることに気づいていた。

人々は知っている。日本人墓地も、パガンの遺蹟群も、城壁も、寺院も、あっという間に夏草に覆われてしまうことを。熱帯の自然の力は、人間の営みに比べて圧倒的に強い。時の移り変りはあまりにも激しくて、現世でのちょっとした出来事などは、あっという間に過去の中に飲み込んでしまう。人々はそれを葬るのに忙しくて、明日のことはどうしても二の次になってしまう。

しかし、そこに長い間蓄えられてきた力が、ついこの間大きな民主化運動として噴き出し、多くの血となって流された。灼熱の太陽のもとで、何百という死が鳥の声に包まれたのだ。インヤレークホテルの「鳥の木《バードトリー》」を眺めながら、私は強烈な生命の営みに隠れている死のことを思った。

ある夕暮、あまりにも鳥の声が喧《やかま》しいので外に出てみると、黒い鳥のほかに、羽根に白い斑点のある鳥が、丈の低い黒い木《ブラックトリー》にびっしりと止まっているのに気づいた。黒い鳥よりも低空飛行で集まっていたので、これまで気がつかなかったのだ。羽根の斑点と尾の先が白いので、飛ぶときはまるで直径三十センチほどの鞠《まり》が転がるように見える。八哥鳥《はっかちょう》という鳥だろうか。これがまた何千何万と、低い黒い木《ブラックトリー》に、びっしりと果実が実っているように取りついて、キューキューと鳴きたてるのである。

白い木《ホワイトトリー》のあたりでたむろしている自動車の運転手の一人が、あまりのうるささにパンパンと手をたたくと、一瞬鳴き声が静まり、パッと白い花が咲いたように梢《こずえ》から飛び立つが、もう次の瞬間には枝々にたわわに止まって、球体をこすり合わせるように喧しく鳴きたてるのだった。

私は、斑点のある鳥にひかれて、白い木《ホワイトトリー》の下に入っていった。

一瞬のうちに、私は鳥の声に包まれた。しばらくじっとしていると、まるで火葬の火に包まれたような恐怖が私を襲った。私の全身は鳥の声に犯され、肉は喰いつくされ、骨ばかりになろうとしていた。鳥の声は冥界《めいかい》からの呼び声のように私を押し包み、ついで深い闇の彼方に連れて行こうとするのだった。

何億年もの時間をさかのぼって、人間とも獣とも鳥ともつかぬ生命体が、この声を発していた。DNAのランダムなつながりが、鳥の声となって飛び交っているような気もした。大げさにいえば、私たちが忘れてしまった原初の死の体験のようなものを感じたのである。

近くの運転手が、また手をパンパンとたたくと、一斉に鳥が飛び立った。黒い鳥も斑点の鳥も

インヤレークホテル前のホワイトトリー

一斉に梢を離れ、夕空の中を縦横に飛び交い、一瞬視界はひっちぎれた何千という黒い破片で埋まり、暮れなずむ赤い空を少し暗くしたかと思うと、渺々とした声を引きずりながら、あっという間に南の空に消えていった。私は、救われたような想いで部屋に戻った。

ビルマにいる間、私はいささか霊的な「鳥の木《バードトリー》」の体験を考え続けていた。身近に氾濫《はんらん》している死。低い医療水準ということもあって、死は日常の生の営みと隣り合わせに存在している。それは観念的な死ではなく、形而下《けいじか》的、身体的な死である。「鳥の木《バードトリー》」の下に行けば、いつでもそれを思い出すことができる。

都会の病院の片隅で事務的に確認される死、現代文明ではタブーとなった死、無理矢理延ばされる死、脳死、尊厳死など、生命の旺盛な営みとは遠く離れてしまった現代人の死に比べて、ビルマでは生の中に死が入り込み、死を包み込むように生命が燃えている。その死は観念的、抽象的な死とは違う。その死を育てながら生き、死が確かに生の延長の上に、その帰結としてあるということを教えられたように思った。

ビルマの「鳥の木《バードトリー》」。あなたはその声を聞いたか。その下に何千何万という不条理な死があったことを。それは、われわれ東洋人が共有している死の声であったことを。

白洲さんの心残り

白洲〔正子〕さんがなくなられて日がたつにつれ、私にはどうにも胸につかえて、つらいことがあった。思い出すと胸が痛んだ。

最後にお会いしたのは、なくなる三週間ほど前のことだ。すっぽんを振舞いたいからお出で頂きたいと、いささか急なお招きがあった。後で思えば、それがお別れの儀式だった。鈍い私はいつもの楽しい酒盛りのつもりで、妻をともなって出かけた。

白洲さんは、数日前にベッドで転倒されて痛みが取れず、二階の寝室で臥せったままだった。このことは前にも書いたが、白洲さんはその日、白いキラキラした顔をして私と家内を迎えた。どうしてキラキラなのか、そうとしか言いようがないのである。

白洲さんと私は、時々一緒にお能を観にいった。私はその感想を書いて送り、あとでご一緒に反芻して楽しんだ。白洲さんは、その文章に自分の意見を付け加えて送ってくれることもあった。私に無言で、文章法のレッスンをしてくれたのだと思う。

私はお能の細部まで記憶していて、自分の脳の中にある能舞台で再演して楽しむという、特技がある。白洲さんと気が合うのも、そのせいであろう。何しろ「あの能のあそこのところ……」などというだけで、能舞台が再現されて、話が通じてしまうのだから。

その日も私の見た能評の原稿をお持ちしてお目にかけた。ひととおり目を通したが、後でゆっくり読むと、枕もとにしまわれた。後はたわいのない雑談となった。

そのころ白洲さんは、ちょっと前に手に入れられた、室町時代の朝鮮の粉引きの徳利を愛蔵しておられた。それを買うために、いろいろなものを手放さなければならなかったという。そのくらいお気に入りの徳利の話などをしているうちに、なぜか遠いところを見つめるようなまなざしをされた。何かを追っているようであった。

いつもは長居をする私が、その日に限って「お疲れになったでしょうから、少しお休みになったほうがいいでしょう」と、そそくさとその場を辞した。それは本心からだったが、どうせ後で、酒席で会えるのだからと思ったせいもあった。白洲さんは、キラキラとした笑顔をいっそうキラキラさせて、「すっぽんをお楽しみに」と、少し淋しそうに微笑んだ。その白い笑顔だけ妙に心に残った。

白洲家のすっぽんは、伊賀の陶工福森雅武さんの手による豪快な料理である。吟味したすっぽんをその場でさばき、たれをつけて炭火で焼く。香りの良い山椒をかけてほおばる。後は料理人お手製の土鍋で炊くすっぽんなべである。天衣無縫の絶品であった。

お孫さんの信哉さんと「あの粉引きの徳利は今どこにあるの」と、話を蒸し返していた。信哉さんは、こんなときいつも加わる、いわば飲み仲間である。「きっと抱いて寝ているんじゃないですか」と信哉さんは答えた。

すっぽんに舌鼓を打って、話がはずんできたころ、お酒も回ってきた。そろそろ白洲さんの現れるはずの時間である。福森さんが二階に呼びに行って、「今夜はお出ましにならない、その代わりに、この粉引きの徳利で飲むようにと貸してくれた」と、がっかりしたように戻ってきた。不思議だな、いつもなら現れて談論風発となるのに、といぶかる気持ちもお酒にかき消されて、そのままいつものように酔いつぶれた。帰りしなに、ご挨拶をと言うと、お休みになっていると聞かされてそのまま帰った。その三日後にご自分で救急車を呼んで入院し、そのまま帰らぬ人となったのだ。

そのことを思い出すと、たまらない気持ちにさいなまれる。どうしてだろうか。あの白いキラキラとした笑顔は、何を語りたかったのか。見覚えのある顔だったが、どこで見たのだろうか。あれは一体何だったたか。

やがて私のほうが病気となり、病院のベッドでなすことなしにそのことを考える日々が続いて、やっとそれがわかった。何年もまえに演じられた、ある名手の演ずる「姨捨」のお能を思い出したのである。

「姨捨」は、棄老伝説を題材にした世阿弥の名作である。しかし『楢山節考』のような残酷な物語とは違って、更科山に捨てられた老女の霊は、月光のもとに白衣の菩薩のような姿で現れ、すべてを超越したような静かな「序ノ舞」を舞うのである。そこは月光の支配する国なのだ。そして、限りなく現世を懐かしみながら、大宇宙の中に帰ってゆくのである。

私はその名手の立ち姿を、思い出していた。能の後半、クセという肝心の部分である。低い押し殺したような声で、地謡が謡いだす。

「さるほどに、三光西《さんこう》に行くことは、衆生をして西方に、勧め入れんがためとかや。月はかの如来の右の脇士《わきじ》として有縁《うえん》をことにき……」

その時長絹の袖がかすかに揺れ、白い姥の面がキラリと光った。あっ、あれだ、白洲さんだ、と私は心の中で叫び、動揺した。あのキラキラはこれだったのか。遠くの方に見ていたのは、「姨捨」の世界だったのか。もうその時、白洲さんの心はそちらに行ってしまわれたのだろうか。

そう思って私は舞台を思い続けた。その瞬間から、舞台の老女の姿は白洲さんと一体になって、私の脳の能舞台で舞いはじめた。

「蓮《はち》色々に咲きまじる、寶の池の邊《ほとり》に、立つや行樹《なみき》の花散りて、棼芳《ふんぼう》しきりに乱れたり」

静かに老女は衣の袖を翻す。白洲さんの姨は白い扇をかざし、角にある柱のほうに緩やかに移動して行く。

「しかれども雲月《うんげつ》の、ある時は影満ち、またある時は影欠くる、有為転変の世の中の、定めの無きを示すなり」

柱のそばで、老女が月を確かめるように見上げた。すると、突然面はキラキラと輝いた。ああ、あのときの白洲さんそっくりの顔だ。懐かしいな、と思いながらも思い出にふけった。面を曇らせると光は失せた。私は、ひどくもの悲しい気分になった。

太鼓のテーンという乾いた音が鳴り響いた。舞台では「序ノ舞」が始まろうとしていた。老女は静かにこの世に足を踏み入れてくる。静かに真っ白い足袋のつま先をわずかに跳ね上げ、ついでそれを下ろして足拍子を踏む。

舞の半ばで、舞台右手奥に扇を開いて座り、皓々とした月光を満身に浴びる型がある。「弄《ろう》月《げつ》」という型どころだ。白洲さんの老女は、苦しそうに座ったまま、扇を開いて月光を受けたまま動かない。何もかも捨てて、月光の中にただ座っている。そして、よろよろと立ちあがって、「序ノ舞」は終わる。

「わが心、慰めかねつ、更科や、姨捨山に照る月を見て」

老女は低い声で謡っている。ああ、白洲さんだと思いながら、私は白昼夢にふけった。

「思い出でたる妄執の心、今宵の秋風、身にしみじみと、恋しきは昔、……」

私はあまりの懐かしさに涙ぐんでいた。京都にご一緒したときは楽しかったな、平野屋の鮎は、いい香りがしたな……。

今、老女は真っ白い袖を翻して舞い続ける。時々姥の白い面がキラキラと光った。そして終幕に近く、老女は舞台に横すわりになって、遠くを見る形になってうめくように謡う。

「一人捨てられて老女が……」

後に長い囃子の手が入って静まった。

私は泣いていた。なんだか知らないが、涙がこぼれてとまらなかった。あの夜、私はなぜ早く枕辺から立ち去ったのか。どうして終夜付き合って話をしなかったのか。白洲さんはそれを望んでいたに違いない。悔やんでも悔やみきれない。せっかくお別れの儀式に呼んでくれたのに。いつもは、長々と居続け、家人の顰蹙を買ったではないか。早々と帰るといえば、「私はくたびれてなどいません」と、叱られたではないか。

今となっては、悔やんでも悔やみきれない。私が、白洲さんを捨てたのだという想いが、私の胸にぐさりときた。やっぱり私は「姨捨」なのだ。あんなによくしてくれたのに非情なものだ。そんな気持ちが、拭っても拭っても噴き出してきた。男は一生に、何度姨を捨てることだろうか。そんな想いにとらわれながら、再び舞台を思い出すと、老女は白い長絹の袖を、山の形にたたんで、舞台にうずくまって泣いていた。

「姨捨山とぞなりにける。姨捨山になりにけり」

地謡が静かに長く引いてお能は終わる。そして私の白昼夢もそこで終わった。

私は本当に夢から覚めたような気分で、今考えたことを何度も反芻した。「姥捨」の世界だったら、白洲さんは何もかも超越して、大宇宙のなかに足を踏み込んで行ったのだと、ひそかに私は納得した。あの夜の私の非礼なぞ、もう忘れたように橋掛かりを去っていった気がして、私はやっと救われた気がした。

山姥の死——鶴見和子さん

鶴見和子さんが急逝された。訃報を聞いて、私は沈黙した。何も考えることができなかった。しばらくして、まぶたに浮かんだのは、誰もいない能舞台だった。正方形の舞台には、物音ひとつしなかったが、私は鶴見さんが、たった今までそこにいたような錯覚をもった。あの能役者のような腹筋を使った声が、いままで響いていたような気がした。

もし能を舞っていたなら何を舞っていたのだろうか。そう思ってしばし考えた。そのとき突然、目前に浮かんできたのは。能「山姥」であった。

私は以前にも、鶴見さんを現代の「山姥」に見立てたことがある。鶴見さんも、その比喩はまんざら嫌いではなかったらしく、私信でも自分を山姥に擬したこともあった。自ら山野を渉猟し、エコロジーをめぐって現代文明に鋭く警告を発していた。水俣訴訟にも舌鋒鋭く告発している姿に、山姥を彷彿させるものがあった。

体が不自由になっても、一言も不満を言わなかった。むしろ障害を負ったことで、思索が深まるのを楽しんでいるように見えた。

でも能の「山姥」の一節に、「よしあしびきの山姥が　山廻りするぞ苦しき」とあるように、半身不随で、あのような多彩な仕事を続けることが、物理的にはどんなに苦しいことだったか、同じ半身麻痺に苦しんでいる私には良く分かっている。

しかし鶴見さんは、仕事を止めることはなかった。発言し続けた。歌を詠み続け、思索を深められた。それらが病を得てから続々と出版されたのである。みんな創造的なお仕事だった。

私も往復書簡『邂逅』(藤原書店)で、その一端を垣間見るチャンスに恵まれた。いろいろ教えられたが、今思い出すのは、「独創性」についての議論である。

私は、南方熊楠のやった研究を、生物界の階層を超える原理を発見しようとしたものだといった。つまり階層を超越する原理を発見しようとしたことを、独創的だといったのである。それに対し鶴見さんは、アメリカの心理学者アリエティを引いて、独創的とは無から有を生ずるようなものではないこと、従来無関係だと思われてきたことに、新しい関係性を発見すること、そして芸術なら、それによって人を感動させることと教えてくれた。

私は眼から鱗が落ちた思いで、科学史に残る独創的研究を眺めた。音楽でも絵画でもそうであった。私に付け加えることがあるとしても、階層を越えること自体、新しい関係を構築することと変わりなかった。そんな眼で鶴見さんのお仕事を読むと、いずれも勝れて独創的であることがわかる。

それが死の直前まで続いた。苦しくなかったといえば嘘になるだろう。

そして死の前に初めて、恨みの言葉を残した。あまりにも残酷な、リハビリ打ち切りの医療改定に対してである。

　　政人《まつりごとびと》いざ事問わん老人《おいびと》われ　生きぬく道のありやなしやと
　　寝たきりの予兆なるかなベッドより　起き上がることのできずなりたり

という歌が残された。「老人リハビリテーションの意味」という最後のエッセイでも、「老人は寝たきりにして死期を早めようとするのだ。この老人医療改定は、老人に対する死刑宣告のようなものだ」と、リハビリ打ち切りを糾弾している（『環』26号、藤原書店）。

私は痛ましくて、涙を抑えることができなかった。彼女は殺されたのだ。彼女の愛したこの国の為政者に。

鶴見さんの最大の関心事のひとつは、エコロジーであった。山姥はもともとエコロジーの精霊だったと私は思う。能「山姥」の最後の一節は、「めぐりめぐりて輪廻を離れぬ、妄執の雲の塵積もって、山姥となれる、鬼女が有様、見るや見るやと峰に翔り、谷に響きて、今までここにあるよと見えしが、山また山に山めぐりして、行方も知らずなりにけり」とある。鶴見さんの最期もそうであった。でも山姥のようにいつでも現われ、われらを叱咤してくれると思いつつ、長い沈黙は終わった。

Ⅲ 新作能

無明《むみょう》の井《い》

前シテ 漁夫の霊
ツレ 里女
ワキ 旅の出家
アイ 所の者
後シテ 脳死の男の霊
後ツレ 移植を受けた女の霊

季節　不定
場所　北国、辺土の浜
常の能舞台
塚または井戸の作り物

【前段】

（名乗笛）

ワキ

これは諸国一見の僧にて候。
われ国々を巡り歩き候ところに、
いずくとも知れぬ荒野に出でて候。
見渡せば茫漠たる野の涯《はて》に、北の海かすかに光り、
日も暮れ、風も出でて候。

〽風、浪の音を吹き送り、
海鳥の声も絶え絶えに、
あら物凄の景色や候。

またここに、古き井戸のようなるものの候。
されど星霜年古りて、水も涸れ露も結ばず。

さらに泉とは見えず候。
このあたりには人家もなし。
路次も絶え前後を忘じて候ほどに、
今宵はここに仮寝して、一夜を明かさばやと存じ候。

（ツレの登場、次第）

ツレ　〽命寄る辺の井を汲めば、井を汲めば、
月や袂に昇るらん。
（サシ）〽げにや古えは、
満々たる泉をたたえ、
汲まざるにおのずからあふれ、
満ちくれば尽くることなき玉水の
いのち継ぐ井の底ひなき、
その水源《みなもと》に影落ちて、
いまは枯野に名ばかりの、
石を囲い釣瓶《つるべ》を懸け、
流るる時をばすくうなり。

（下歌）〽砂の水、

風の泉を汲もうよ。

（上歌）〽言葉空なる砂の水。

汲めども、

たまらぬは罪の報いかや。

その重きをば持ちかねて、

落つるは命、

尽きぬは妄執の、

水を求め廻るは、

火宅の釣瓶なるらん。

（ワキとツレ、問答）

ワキ　いかにこれなる女性《にょしょう》に尋ぬべき事の候。

見申せば人影稀なる荒野、またこのあたりには人家もなし。

まして女性一人《いちにん》。月のもとに涸れたる井より水汲まんとすること、

ツレ　かたがた不審にこそ候え。
おん身はいかなる人にて候ぞ。
これは、このあたりの女なるが、宿願の仔細あるにより、
夜毎この井戸に来たり候。

ワキ　〽されど井戸とは名ばかりにて
年積もりたる砂の波
ツレ　〽湧き来る水の影は見えず
ワキ　〽夜の底のみ深くして
ツレ　〽涸れたるは水
ワキ　〽生うるは草
ツレ、ワキ〽ただ荒涼たる北の野辺に
（この間にシテ橋掛り幕際に出てじっと舞台をうかがう）
地謡　（初同）〽いま見るは、
蓬が原の塚の草。蓬が原の塚の草。
もとはあふるる玉水の、

その命永らえて、
永遠《とこしえ》とこそ思いしに、
無常の、
嵐吹き落ち、
水も涸れ流れも絶え
果てもなき北の野辺、
月のみ満ちて夜ぞ深き、
物凄き夕べなりける。

（問答）

ワキ　さてこの井戸にいかなるいわれの候ぞ。

ツレ　これは業深き女のため空しくなりし男の霊によりて、
命の水涸れたる井戸にて候。
その涸れ井戸に水を汲み、
少しの迷いをも晴れんとて、今宵もここに参りて候。
いでいで水を汲み候べし。

シテ　（シテの橋掛りよりの呼びかけと問答）
のう、その女に水汲ませ給うな。
それは閼伽井《あかい》の水に非ず、
人の命より湧き出でたる変若水《おちみず》なり。
他人《ひと》が掬《すく》わば我が命、
つづまり草の根を絶えて、
身を苦しむる理《ことわり》なり。

ツレ　あら、悲しや。
今宵もまた、
井の水を汲みつかの間の、
命の闇を晴れんとすれば、
またかの人の現れて、
重き釣瓶にひきとどむ。

シテ　われは夜ごとに通い舟の、
海の藻屑《もくず》と消ゆべきところを、
なお疑いの深き井に、
水汲むものを止むるなり。

ツレ　〽されど、命の水なれば。
古井に立ち寄り汲まんとす。
シテ　影は袂にとり縋って、
水汲ませじと押し止む。
ツレ　〽なおも釣瓶をひかんとすれば
シテ　井戸はたちまち火焔となる
ツレ　〽水と見えしは月光《つきかげ》に
シテ　〽冰《こお》れる霜の幻。
シテ、ツレ〽無慙やな斯く迄も、
深き悩みに纏《まと》わられて、
水を争う二人《ににん》の亡魂。
地謡　〽今ここに、
影に添いたるこの姿、
哀れみ給え御僧と、
いう声もはや更け過ぎて、
かすかに光る北の海、

浪立つとこそ見えけるが、
影も形につき添いて、
古井の底に入りにけり、
古井の底に失せにけり。

（送り笛）

【中入り】

（アイ狂言、所の者の登場）

アイ　これはこのあたりに住まい申す者にて候。
それがし風の夜は、用心のためこのあたりを見廻《ま》い申して候。
今宵も深更になり候えば、参らばやと存ずる。
や、これに見馴れ申さぬ御僧の候。
この古井戸に向いて御回向候。
これはいかようなる次第にて候か。

ワキ　これは一所不住の僧にて候。

おん身は、このあたりの人にて候か。

アイ　なかなかこのあたりの者にて候。

ワキ　所の人にて候わば、この古井戸のいわれ、御存知においては語っておん聞かせ候え。

アイ　われらも近くに住まい致し候えども、さようの事詳しくは存ぜず候。さりながら、およそ承り及びたる通り、物語り申そうずるにて候。

（語り）さても前《さき》の世、この北の国の大守に、みめ美《うるわ》しく健やかなる娘ありけり。蝶よ花よと愛《いつく》しみ育てけるが、この娘十八歳というとき重き心《しん》の臓の病いにかかりぬ。あまたの医師《くすし》を招じて百薬を投ずれども、その験しさらになし。心の臓弱りに弱り、いまは期《ご》を待つばかりとなり申して候。

ここに唐《もろこし》、渤海の里に、扁鵲《へんしゃく》といえる医師あり。神医の名高き道士にして、いかなる病いにても除き癒さぬということなし。ことに重き心《しん》の病いには、胸を割《さ》き、心を採《と》り、易《か》えて置き、投ぐるに神薬を以ちてすれば、即ち覚めて常なるが如しという。

娘の父母これを聞きて、扁鵲を招じて診させけるに、乙女《おとめ》の病いはすでに重畳し、命根すでに尽きんとす。世にある大患のいずれかこれより甚しからんと、道士驚き給いけるに、いまもし若き壮士《おのこ》の心の臓を、乙女子の心に植え易《か》うれば、一命は助かるべし。されど生ける心の臓を得ることの難きことよと、道士嘆き給いけり。

かかる折しも、この海に嵐来たり、波風吹き荒れて、沖を行く小舟ことごとく海に沈みぬ。ある朝岬の鼻の岩に、漁《いさ》りの壮士一人打ちあげられ候。浦ぶちを枕に敷きて、うらもなく臥し、いまや命も尽きんとす。家を問えど家をもいわず、名を問えども名のらず、魂《たま》はすでに冥界にまかりぬ。

しかるにかの扁鵲といえる医師、この壮士の屍《かばね》をみて申すよう、いまはこの人の魂もはや戻らず。肉体のみこの世に残って心の臓わずかに動きたり。座視すればすべて空しかるべしとて、一殺多生の理《ことわり》にまかせ、壮士の心の臓を採り出し、乙女の胸に植え易《か》えんと、神業をもって術をなしけるに、乙女の命は蘇生し、壮士はそのまま死したると申す。なんぼう奇特なる事にては候わずや。

しかるに乙女、しばし健やかに暮しけるが、壮士の心《しん》を採りたることを深く罪業と銘じ、いかなれば生ある者の臓腑を採り、おのれが生を全うすることの神意にかなうべきかと深く疑い給いけり。さるほどに、この里の井戸のことごとく水涸れ、ひとびと壮士の霊のなせる業かと推量申して候。乙女そのことを深く痛み給いて、懺悔の一生を送り給えり。

時移り事去り、重なる年月のならいかや、今はその涸れ井戸も砂に埋もれ、訪《とむら》う人もなくなり申し候。

ワキ　その旧蹟の塚の井戸に、御僧の回向なされ候こと奇特に存じ、言葉をかけ申し候。われらが伝え聞き及びたるは、およそかくのごときに御座候。さておんたずねとは、いかようなることにて候か。

アイ　ねんごろにおん物語り候うものかな。たずね申すも余の儀にあらず、御身以前に、乙女子一人この井戸に来たりて水汲むようにて候いしが、やがて壮士に止められて、二人《ににん》ともに井戸の中に入るかと見えて、そのまま姿を見失いて候よ。

ワキ　これは言語道断、奇特なることを承り候ものかな。それは疑うところもなく、いにしえの乙女壮士の亡魂にて候うべし。これと申すも、御僧の功力尊くましますゆえにて候間、しばしこの所に御逗留あって、かの二人のあとをおん弔いあれかしと存じ候。

アイ　近ごろ不思議の御事にて候ほどに、留まり申し候べし。

ワキ　重ねて御用の事候わば仰せ候え。

アイ　頼み申し候べし。

アイ　心得申して候。

(アイは橋掛りにもどり、やがて切戸口より退場)

【後段】

ワキ　(待謡)〽北の海かすかに光る野嵐の、かすかに光る野嵐の、

浪立ち騒ぐ気色にて、
草も枯野の古井戸に
満ち来る影の不思議さよ、満ち来る影の不思議さよ。

（出端、後シテ橋掛りへ出現）

後シテ　〽おお、荒野ひと稀なり。
空しき墳墓に屍《かばね》を争うは、豈《あに》禽獣のみかや。
我もまた離脱せし屍を求めて、
月下を流浪す。
（詞）いや、その屍は損い、
魂は疾く去って三瀬の渡しにて待てども、
ついに来たることなければ、
無明の闇に打ち沈み、
六道の森をさ迷うなり。
〽のう、我は　生き人か、死に人か。

（後ツレ、作り物の古井戸の引き廻しの中から）

後ツレ　〽われもまた、水無き古井に閉じられて、
浮かんことなき妄執の、
因果の責を蒙るなり。
わずかの命ながらえて
生死の海を越えやらず
中有の闇に迷うなり。
後シテ　〽怨みんことはなけれども、
胸底《むなそこ》深く棲む水の
深き疑心の鬼となりて
後ツレ　〽ともに業苦に沈む身の
後シテ、後ツレ
（同吟）〽いたずらなりける時の流れ
地謡　〽積む苦しみの深き井に、積む苦しみの深き井に
浮かみもやらぬ妄執の、
淵となり淀となる
その浮き波に立ち添いて、
男女二人の亡魂の

影、形とも現じたり。
弔い給え、御僧。

ワキ　(詞)さては先の世の壮士乙女の亡魂にて候いけるぞや。
さらばその時の御有様、語って聞かせ候え。
摂理をも顕わし候べし。

後シテ　(サシ)〽朝には紅顔を世路に誇れども、
夕べには白骨となって、郊原に朽ちぬ。

地謡　〽身を観ずれば根を離れたる水草
命を論ずればつながれざる舟
現世の無常かくの如し。

後シテ　〽去るものはひとたび去りて帰ることなし。

後地謡　〽いかで永遠の命を期《ご》せん、
(クセ)〽そもそも人間の末期《まつご》には、
まず魂魄は、肉体の繋縛《けばく》を逃れ、

六道の森をさまよい
三瀬の川のほとりにて
おのが屍《かばね》を待つという。
また骨肉は、一《いち》、七《しち》日を経るほどに、
その身は脹れふくれ、
色は青瘀《しょうお》に変じて、膿血流れ出《い》ず。
風吹き、日曝し、雨濯《そそ》ぎ、
月の盈《み》ち欠くること、五度《いったび》もすれば、
白骨は四散し
ついには荒塵と帰す。
九相とは是をいえり。
人間の生死《しょうじ》のありさま
古えよりかく窮まれり。

後シテ　〽しかるに我は漁《いさな》とり
地謡　〽疾風《はやて》吹く海に沖網の
群がる魚をとりいしが

無常の嵐吹き来たり
波のうねりにひき込まれて
荒海の底に沈みしを
流るる潮に引き波の
岬の鼻に流れつきて
うらもなく臥しけるに
魂魄のみははや去りて
命《めい》はわずかに残りしを
医師ら語らい
氷の刃、鉄《くろがね》の鋏を鳴らし
胸を割き、臓《きも》を採る。
怖ろしやその声を
耳には聞けども身は縛られて
叫べど声のいでばこそ。

後シテ　〽のう、我は　生き人か、死に人か。

（カケリ）

地謡　〽無明の森の深き闇、
鬼火らに導かれて、
道なき小径たどりつつ
鉛色に光るは
三瀬の川の渡しなるや。
荒けなき渡し守、
亡者をせきたて追ったつる。
奪衣婆《だつえば》にひきはがされて
乗らんとすれば　渡し守
「生ける者は乗るまじ、
亡者の側を離れよ」とて
櫂を以ちて打ちすゆる。
死の望みさえ断たれたる、
身を喞《かこ》ち、命《めい》を嘆き、
おらび哭くばかりなり。
後ツレ　〽乙女もしばし永らえて、
仮の命を継ぐ水の、

暗き心の鬼となって
ついに空しくなりにけり

地謡　〽ともに生死の海に迷い
霊肉のあわいにせめらるる
この永劫の苦しみを、
浮かめ給えや御僧とて
また古井戸に入りにけり
また闇の底に入りにけり。

〈第二案〉

地謡　〽そのとき摂理現れて、そのとき摂理現れて
かの古井戸につかの間の
生命《いのち》の水の湧き来れば
往相廻向の道の果て
生死長夜の夜も明けて
二人の命つなぐ井の
他生の縁となりにけり　他生の縁となりにけり

創作ノート

この新作能を書こうと思ったのは、一九八九年の十月ごろ、ＮＨＫのチーフディレクターの高尾正克さんとお酒を飲みながら話していた時のことである。高尾さんは、ＮＨＫスペシャル『人体』の番組で放送グランプリを受賞した気鋭のディレクターである。ちょうど「脳死」に関する番組を取材しておられて、「脳死」を本当の人の死と認めるかどうかについて、いろいろな角度からの意見を集めておられた。

私は「脳死」に反対というわけではない。しかしこの問題に関する議論が、医学的、法律的、あるいは社会的な技術論に終始していること、ことに医療側の言い分が先行してしまっていることに不安を抱いていた。それが新しい形の死の受容という哲学的な問題でもあることから、技術論ではすまないもっと奥深い部分があって、それを通り抜けていないことが問題の決着を阻んでいると考えていた。そこには、日本人の死生観、文化というような、技術では扱いきれない部分がある。その部分については触れることを避けているように思われた。私の考えは、『生と死の様式』（多田富雄・河合隼雄編、誠信書房刊）に詳しく書いた。

「『脳死』を扱った能というのはできないだろうか」と高尾さんが言った。ＮＨＫ『人体』の番組で、高尾さんは、人間の心臓が持っている脳や心と直結した働きを、能を演ずる能楽師の心臓の動きから引き出すことに成功している。

そういえば、死んで三日後に蘇生した男が、死の体験を物語る「歌占」という能の名曲もある。もともと能という演劇は、死者が現れて生前の自分の姿を再現し、その意味を問うという形式をとっている。「脳死」を、生者の側からどう扱うかという従来の観点ではなく、脳死者の側から脳死の精神的受容の可否を問うという、全く別の観点を示すことができるのではないか、と私は高尾さんの意見に同意した。

そんな中で、「脳死」問題はますます切迫していった。いくつかの大学の倫理委員会が、脳死段階での臓器摘出を認める決定をした。その根拠や診断基準は信頼すべきものであったが、やはり私の危惧した部分についてはクリアーされていなかった。まずスタートをして、その実績によってコンセンサスを得るのだというような論理には、いささか慄然とせざるを得なかった。そういう決定をした大学の教授の中にも、脳死と植物状態の区別さえしていない人たちが実際にいるし、「精神」が死んだのだからいいではないか、と公言する外科医にも出会った。脳死を本当に身体的な死として認める準備は、できているわけではない。こういう無知は、国外の一流の生命科学者にも散見され、この問題が西欧でも完全に解決されていないことも知った。私は、能の形式で脳死の可否を問いかけることに、意味があると確信するようになった。

能を作るとして、何を題材にしたらよいか。能にはすべて典拠（本説《ほんぜつ》）がある。現行二百数十番の曲をみても、『今昔物語』『伊勢物語』『源氏物語』『平家物語』というように、ほとんどが明らかな典拠を持っている。能の大成者世阿弥も、本説（典拠）が重要であることをくり返し強調している。はたして、「脳死」と「移植」に関する本説などあるだろうか。

私が思い出したのは、『万葉集』巻五の山上憶良の「沈痾自哀《ちんあじあい》文」である。病気の大売出しのようなこの文の中に、「扁鵲《へんしゃく》、姓は秦《しん》、字《あざな》は越人《ゑつじん》、渤海郡の人なり。胸を割《さ》き心を採り、易《か》へて置き、投ぐるに神薬を以《もち》てすれば、即ち寤《さ》めて平《つね》なるがごとし」というのがある。原典は『列子』湯問《とうもん》篇である。

これを本説として、嵐で溺死した漁夫（前シテ）と扁鵲によって心臓を移植された女（ツレ）という人物像が決まった。この女についても、「沈痾自哀文」にある「広平《くわうへい》の前《さき》の大守北海の徐玄方《じょげんぽう》の女《むすめ》、年十八歳にして死ぬ」以下からイメージを得た。水死した男のイメージも、『万葉集』巻一三の挽歌から、「いさなとり　海の浜辺に　うらもなく　臥したる人は……」から得た。この二人の対立関係は、永遠の命の水「変若水《おちみず》」を争うことで象徴した。水争いは、池田彌三郎氏の説くように、日本文学の大切な主題の一つである。

初めに原稿ができたのが一九八九年の末である。常々尊敬していた観世流の能楽師橋岡久馬師にお見せしたところ、一笑に付されるかと思いきや、並々ならぬ興味を持っていただいた。こうして橋岡会特別公演として、東京では国立能楽堂、京都では京都観世会館と二度上演されたのである。

橋岡師は、現代の能楽界でも異色の演劇人である。深く人間の存在の底まで降りてゆく鬼気迫る演技で根強い支持者を得ている反面、現行の型にとらわれぬ自在の演出に対して批判的な人もいる。しかし私は、この能の実現のためには、橋岡師のような強烈な個性と深い解釈力を持った役者でなければならないと初めから考えていた。橋岡師は、その後、「脳死」問題に関するさまざまな本を読破して大そうな勉強をした上で、演出にのぞまれた。

まず脚本は、原作ではもっと長かったのを、橋岡師が約三分の二に削った。笛、大鼓、小鼓、太鼓からなる囃子方、劇を作り出すために重要なワキ方、さらに眼目の語りを担当する狂言方など、当代一流の個性ある配役が決まった。作曲に相当する節付《ふしつけ》や、囃子の手付《てつけ》が日を追って完成し、舞台稽古を重ね、さらに面や装束についても入念な検討を繰り返し、演出の骨組みが決まった。

構成

以下にポイントとなる詞章と構成について述べる。

前段――――

舞台には涸れ井戸に相当する塚のような作り物が置かれている。塚の上には葉のついた木の枝の間に、白骨のような枯れ枝がさされている。「名乗笛」という笛の独奏でワキ役の旅僧が登場する。そして荒々しい北海の日没を描く。

「次第」という囃子で、ツレ女が登場し、「次第」の詞句を謡う。

女　〽命寄る辺の井を汲めば　月や袂に昇るらん。

ワキ旅僧との問答のあと、女は涸れ井戸から水を汲もうとする。すると、主役の漁夫の霊が幕内から呼びかけ、橋掛りに姿を現し、水争いとなる。シテは、異形の「早男《はやおとこ》」面に白髪の混った小型の黒頭をつけている。やがて地謡達の合唱が起こり、女は作り物の塚に、男は橋掛りから幕に入り、中入りとなる。

眼目となる間狂言《あいきょうげん》の長い物語は、遠く光る北の海と荒々しい汐の香をただよわせながら、残酷な故事を明かす。

後段――

旅僧の待謡《まちうたい》に続いて、「出端」という太鼓入りの囃子で後シテ脳死の男の幽霊が現れる。面は珍しい「淡男《あわおとこ》」で古びた黒頭をつけ、竹竿を持っている。

シテ　〽おお、荒野ひと稀なり。空しき墳墓に屍《かばね》を争うは、豈《あに》禽獣のみかや。我もまた離脱せし屍を求めて、月下を流浪す。

のう、我は　生き人か、死に人か。

塚の作り物の、引き廻しという紺色の布が下りると、井戸の薄暗がりの中に、装束を変えた女ツレの姿が見えてくる。

能の中心部分となるクセは、前半は「居グセ」（座ったまま）。『往生要集』巻上第五よりの長い引用を使って、仏教における死の九相観を述べる。

クセ　〽そもそも人間の末期《まつご》には、まず魂魄は、肉体の繋縛《けばく》を逃れ、六道の森をさまよい、三瀬の川のほとりにておのが屍を待つという。また骨肉は、一《いち》、七日《しちにち》を経るほどに、（略）色は青瘀《しょうお》に変じて、膿血流れ出《い》ず。風吹き、日曝し、雨濯《そそ》ぎ、月の盈《み》ち欠くること、五度《いつたび》もすれば、白骨は四散しついには荒塵と帰す。九相とは是をいえり。人間の生死《しょうじ》の有様古えよりかく窮まれり。

この部分は、橋岡師の節付で、謡曲としても力強い洗練されたものとなった。

クセの後半は、『万葉集』の挽歌の詞句を借りて、漁夫の水死の有様、ついで扁鵲による心臓摘出の様を述べる。

地謡　〽……岬の鼻に流れつきて、うらもなく臥しけるに、魂魄《こんぱく》のみはや去りて、命《めい》は僅かに残りしを、医師《くすし》ら語らい、氷の刃《やいば》、鉄《くろがね》の鋏を鳴らし、胸を割き、臓《きも》を採る。（略）

シテ　〽のう、我は　生き人か、死に人か。

と問いかけ、カケリという所作となり、激しい心の動きを表現する。

カケリのあと、『神曲』地獄篇第三歌、アケロンの川の渡し守カロンが、生者と死者を引き分けようとするのを引いて、生死が不分明のままである「脳死」の、「無明」の苦しみを訴える地謡達の合唱となる。

地謡　〽無明の森の深き闇、鬼火らに導かれて、道なき小径たどりつつ、鉛色に光るは三瀬の川の渡しなるや。荒けなき渡し守、（略）「生ける者は乗るまじ、亡者の側を離れよ」とて櫂を以ちて打ちすゆる。死の望みさえ断たれたる、身を喞《かこ》ち、命《めい》を嘆き、おらび哭くばかりなり。

このあと、終末部（キリ）となって二人は再び闇の底に戻ってゆく。

実はこの終末部分では、二つの演出を考えていた。第一は、能の常用手段である奇蹟が現れて二人の生命がつながれて救われるのと、もう一つは救いのない「無明」の闇に戻るのとである。今回は後の方をとった。

全曲を通じて私が心がけたことは、まず能の基本形式から逸脱しないことであった。いろいろやってみたい誘惑にかられたが、いわゆる四番目能の基本形を守った。限られた回数の申し合わせ（簡単な舞台稽古）をすることで、数百年にわたって積み上げてきたお能の遺産、ことに能のワキ方、囃子方、狂言方、三役の持っている実力を全部いただいてしまおうというわけである。また、世阿弥が用意してくれた能のドラマツルギーを、そのまま使わせていただいたことにもなる。

第二に、脚本の方はできるだけ言いすぎないよう、むしろ舌たらずに残しておくことを念頭においた。決して弁解ではない。その空白部分を、演者橋岡久馬師の想像力で埋めてもらうこと、それによって脚本が七分のところをシテの演技で全体で十二分にしていただくことを期待した。脚本が十でも、それに演者が多々つけ加えることで、逆に七分程度になってしまう場合があるからである。

橋岡師は、脚本をかなり大胆に削って、かえって茫漠とした大きな広がりを作り出してくれた。この公演が何かを問いかけているとすれば、それは脚本の空白部分を介して、演者の橋岡師が彼の肉体で問いかけてくれたからである。

「無明の井」の公演は、『ニューヨーク・タイムズ』、『ヘラルド・トリビューン』など欧米の各紙でも取り上げられ話題となった。「脳死」の問題は欧米でも完全に決着していないのである。一九九四年には、ニューヨーク、クリーヴランド、ピッツバーグなど米国各都市で公演され評判となった。これらの都市は移植医療の中心地である。「無明の井」の英語の翻案劇「深い井戸の底へ」もサンフランシスコで上演された。

能のファンの一人として、この実験的な公演に参加することによって、能が現代的な問題を取り上げるための優れたメディアであることを再確認した。いま現代人に問いかけられている生命科学の問題、たとえばエイズ、胎外受精、遺伝子治療など、いずれも能の題材に適しているように思う。室町時代の能作者がいまここにいるとしたら、死んだ試験管ベビーを探し求める母親を真っ先に書いただろうと私は思う。また人種問題、戦争、性など人間の普遍的な問題を考えるための新作があってもよいと思う。能は、そういう人間の根元的な問題を鮮烈に問いかけるための力強いメディアである。

なお、本書所収の台本は、上演されたものと大幅に違う。初演に際して橋岡師が削除した部分も、原作に近い形で載せた。また末尾に、もうひとつの案として臓器移植に肯定的なハッピーエンドの結末を示した。このような形で臓器移植が受け入れられる日がいつ来るであろうか。

望恨歌《ぼうこんか》（マンハンガ）

シテ　李東人の寡婦、牛の尾の老婆
ワキ　九州の僧
アイ　韓国の村人

季　節　晩秋
場　所　韓国、全羅道丹月の村
作り物　白い引き廻しをかけ、一隅に五色の細布を垂らす。内にシテ

ワキ　（作り物を出す）

これは九州八幡の里より出でたる僧にて候。さても先の世の戦《いくさ》には朝鮮よりの多くの人、筑紫豊州の炭坑にて働き、病いを得て数多《あまた》此の地にて斃れぬ。此の度御堂を建て懇ろに弔い申して候。其時数々の遺品現われ候。そのうちに、李東人と謂える男子の、筆なかばなる手紙の候。此の李東人と申すは、朝鮮全羅道丹月と申し候村の出身なるが、一年《ひととせ》ばかりともに暮らせし若き妻を残しおきて、連行されたる由申し候。此の文《ふみ》と申すも、故郷に残せし妻に宛てし文なり。遠里を隔つる妻を想う心行間に溢れ、読む人袖を濡らさぬ者は無く候。

しかるに李東人の妻いまだ彼の地に永らえ、七十路《ななそじ》に余る老婆となりたると申し候。あまりに不憫にて候程に、李東人が文をたずさえ丹月の村に赴き、かの老婆を訪わばやと存じ候。

（道行）

ワキ　（上歌）〽有明けの
波に横たう壱岐対馬
荒波越えて韓国《からくに》や
釜山の泊り陸《くが》の道

智異の　山路たどりつつ
丹月の村に著きにけり

〽さてもわれ、此の丹月の村に来てみれば
刈り取られし田の面に、秋風吹き、
夕陽《せきよう》は北面の山を照らす。
実《げ》にうら淋しき眺めかな。
(詞)李東人の妻の住処《すみか》を訪ねばやと存じ候。

ワキ　此の所の人の、わたり候か。

アイ　所の者とおたずねは、いかようなるご用にて候ぞ。
いや。旅のお僧にて候か。何とてかかる山里へはおん通り候ぞ。

ワキ　これは日本、九州より出でたる僧にて候。この里に、李東人といえる人の妻住まい
ましますと承りおよび、これまで参りて候。いずくにおん住まい候やらん。教えて
賜わり候え。

アイ　やあら、ここな人は何事を仰せ候ぞ。

その李東人と申す人は、幾十年《いくとせ》も前の戦の折に、お僧の国九州とやらんに連れ去られ、行くえも知れず、ついに空しうなりたる人の名にて候。
その妻女と申すも、いまは人目をかくれ住む老女にて候。
かようの故事《ふること》を何とていまさら仰せ出され候ぞ。ことさら日本、九州よりと承り候えば、老女のおん会いなさることあるまじく候。とうとう御帰り候え。

ワキ　仰せ尤もにて候えども、此の度、戦の為九州の炭坑にて斃れし朝鮮の人の、遺骨遺品を弔い申し候ところ、李東人なる若き人の遺しおきたる文の候が、近ごろの便りには其の妻丹月の村におん住まいあると承り及び、遺品を手渡さんが為に、はるばる訪ね参り候。

(立ち語り、三ノ松で)

アイ　仰せ尤もにて候。子細をも存ぜず聊爾《りょうじ》を申して候。
されば李東人と申す人の妻女、夫の空しくなりたることを聞き及び、しばし哀號の涙に明け暮れ申し候ところに、父母《ぶも》兄弟《きょうだい》もやがて空しくなりて候えば、いまだ年若き身なればとて妻にとすすめ申す人もござありたれども、なかなか二夫《にふ》には見え《まみ》申さずとて、ひとり家にとどまり、ひたすら死者を弔いて年月を送り候。やがて訪う人も稀となり、いつの頃よりか人に見ゆるをも厭い、童《わらんべ》が来るをもあらけなく追い払い候えば、誰が申すともなく「牛の尾の老婆」と呼びならわして候。

ワキ　なかなか人に会うこともござなく候えども、かくの如きおん事にて候えば、ねんごろに慰め申され候え。某《それがし》、案内申し候べし。

アイ　ねんごろにおん物語り候ものかな。さあらば「牛の尾の老婆」を訪ねうずるにて候。案内者あって賜わり候え。

これこそ「牛の尾の老婆」のおん住まいにて候え。老婆はうちにありげに候。それがしはいとわれ申し候ほどに、お僧ご一人《いちにん》にて御訪い候え。はや月も出でて候えば、それがし立ち戻り、村の長《おさ》にも伝えおん待ち申そうずるにて候。

シテ　（作り物の中より）

〽日暮れて水鳥啼き
今日も空しく過ぎぬ。
かの年月の戦火もはや、
老いの彼方に去りぬれども、
養うべくもあらざれば
身を慰むる営みもなし。

あら定めなの生涯やな。

ワキ　いかにこの家のうちに、李東人の妻のござ候か。九州の地より参りたる僧にて候。門をお開き候え。

(沈黙)

ワキ　いかに李東人のわたり候か。おん入りあらば門をおん開き給え。

(沈黙)

ワキ　いかに李東人が妻のわたり候か。火たきの煙の立ち候えば、さだめて内におん入り候べし。李東人の妻どの。(扇で打つ)

シテ　なに李東人とは人の名かや。
よし人の名なりとも物の名なりとも、
此の姥の耳には聞き忘れてあるぞとよ。
定めて門たがえなるべし。

ワキ　とうとう御帰り候え。
暫く。此程九州筑豊にて、先の戦《いくさ》に斃れし人の遺骨遺品を、弔い候いしところに、

シテ　李東人空しくなる前に書き連ねたる、おことにあてし手紙の出で来たり候。其の文をひと目見せ申したく、遥々これ迄持ちて参りて候。門を御開け候え。

ワキ　何とわれにあてたる、李東人が文とかや。
みるかいもなき身にては候えども、そと見うずるにて候。
(引き廻しをゆっくりと下げると、鬘桶にかかった老女の姿が現れる)

シテ　これこそ、その文にて候え。

ワキ　是が、李東人の手紙とかや。文字も薄れ、覚束無うこそ候え。月明りのもとに出で候べし。
(作り物より出でて正中に座。笛アシライしばらくじっと読んだのち)

シテ　〽アア、イゼヤ、マンナンネ
(朝鮮語。ああまたお会いしましたね、の意)

ワキ　御嘆き尤もにて候えども、李東人の事ども、語っておん聞かせ候え、お慰め申し候べし。

シテ　〽思い出《い》ずるも憂き年月、訪う人も稀にして、

(詞)童などにあざけらるるを、
あらけなく追い払うほどに、牛の尾の老婆と呼ばれつつ、
〽髪には霜を頂きたり。
夫《つま》とは言いながら、
今は子や孫の年と異ならず。
今更何を語り候べき。
(別に)折ふしここに酒の候。これを飲みて心を慰め候べし。

シテ　〽折しも秋夕の魂祭《たままつり》
月諸共に憐れまん

地謡　〽遠き打鼓《だこ》の音送り来る
秋風も聲添えて
憂き物語り申さん
(クリ)〽さても先の世の戦には
我が夫《つま》李東人も引き立てられ
九州とかやに至りしに
やがて便りも絶え果てて

遂に空しくなりしとかや

シテ　（サシ）〽聞くだに心くれはとり

地謡　〽織る唐衣色失せて

暗き帳《とばり》となりにけり。

夜毎に歌う喪頭歌《そどうか》の

聲も枯野に道暮れて

シテ　〽肉《ししむら》を噛み、胸引き裂き

地謡　〽腸《はらわた》を断つばかりなり

（クセ）〽哀號の聲は空を覆い

恨みの涙《なんだ》地に満てり

さるほどに宵々は

帰らぬ夫《つま》を思い

ぬしは市に通うらん

山の端の七星は

冥土を照らす星なり。

心静かに歩めよや

泥濘《ぬかるみ》に足とらるなと

胸さわぎ肝をけす。

シテ　〽せめてや心慰むと

地謡　〽から砧《きぬた》取出し
打てば心の月清み
寝られぬ長き夜すがら
恨みの砧　空に鳴り
契りは麻衣
断つ思いでの数ふみて
ひとつ、ふたつ、みつよつ
吹きすさむ風にまじるは
露か　時雨か　氷雨か
流るる時の滴か
今の砧の音に添えて
はや暁の鶏も鳴き
白む軒の草深み
去年《こぞ》の涙ぞ今日落つる

ワキ　いかに老女。かたみにひとさし御舞い候え。
シテ　眼《まなこ》は脂《やに》に閉ざされ、脚も萎え、おぼつかのうこそ候えども、心の亢《たか》ぶりて候ほどに
舞い候べし。

（物着）

シテ　〽砧にも
地謡　〽打たれぬ袖のあわれさよ
シテ　〽断ち更うすべもなき衣《きぬ》の
恨みの舞を　恨みの舞を
舞おうよ

（乱拍子）

（恨の舞）

シテ　〽山の端の、月よ高みに昇り給え。
地謡　〽四方《よも》を遠く照らし給え。

シテ　〽明らけく
地謡　〽明らけく
照らし給えや真如の月
ありし昔の相愛の春
楊柳の野辺も蒼茫として
ひともなき野面に老いの姿
面やつれ衰え　足もとはよろよろと
立ち舞う姿、
シテ　〽心はからむしの　絲は尽くるとも
此の恨み尽くるまじ。
忘れじや　忘れじ
ワキ　〽かかる思いはまたあるまじや
忘れじや　忘るまじ
地謡　〽月影の霜の凍てつく野面に
名残の袖を返して
舎廊《さらん》の内にぞ静まりける。

創作ノート

そのテレビ番組を見たのは何年前のことであろうか。いまでもその幾コマかをはっきりと覚えている。

第二次世界大戦が始まろうとしていた一九三〇年代、朝鮮半島から強制連行されて多くの人が九州の炭坑で死んだ。その一人の妻が、韓国の寒村でひっそりと生き延びている。当時は若妻であったのに、いまは白髪の老婆となって、腰の曲がった姿でチマチョゴリの背に手を組んで立っていた。私は、はっとして言葉がでなかった。それまで本でも読み、心にひっかかっていたことに、こんな証人が現れようとは。

その老女の残像は、永い間私の網膜に焼きついていた。それから、たくさんの資料や書物で当時の日韓問題を調べたが、そこには公式の記録には現れない不幸な歴史がひそんでいることも知った。従軍慰安婦問題などが話題になるより、ずっと前のことであった。

私はそれを能に書こうと真剣に思った。この老女の痛みを表現できるのは能しかないと思った。感情に流されることなく、かつ説明的でもなく、事実の重さを問いかける力が能にはある。

私はそれから朝鮮関係の資料を集め、ノートを作る作業にかかった。手に入る限りの朝鮮の民謡、打令《タリヨン》、パンソリ、民俗誌、現代詩なども読みあさったが、この能の基調となったのはただひとつ、百済《くだら》歌謡「井邑詞《チョンウプサ》」の一節である。千年以上も前から歌い継がれてきた民謡である。

月よ高みに昇り給へ
ああ、四方を遠く照らし給へ
　アオ　タロンディリ
ぬしは市に通うらん
ああ、泥濘に足をとらるな
心しずかにせくまいぞ
　オキヤ　オカンジョリ
ぬしの夜道に胸さわぐ
　オキヤ　オカンジョリ
　アオ　タロンディリ

（安宇植編訳『アリラン峠の旅人たち』平凡社、一九八二年）

他に、『パンソリ』（申在孝著、姜漢永・田中明訳註、平凡社、一九八二年）などからも多くの示唆を受けた。

まず、舞台には白い引き廻しをかけた四角い作り物が運び出される。一隅には枯れ草の下に五色のヒラヒラとした細布が下がっている。これは、韓国の農村でしばしば見られる「農神竿《ノンシンダイ》」に下げられる五色の布を象徴したもので、韓国の草深い農村のあばら家であることを示す。子供らが寄り付くのを追い払ったりするので「牛の尾の老婆」と呼ばれているこの老女が、民間信仰の巫堂《ムーダン》にいささかの関係を持っていることを暗示している。老女はすでに作り物の中に入っている。「安達原」、「関寺小町」などと同工である。

ワキは旅の僧、名乗笛で現れる。道行では、九州から船路で釜山に渡り、智異山の麓の難路をたどって、全羅道の小さな村に辿り着いたことを謡う。「丹月の村」というのは架空の名である。また「李東人」という名も全くの仮名である。韓国語読みではイドンインになるが、今回は都合で日本語読みにした。能「天鼓」の父母を、王伯王母と呼ぶのと同工である。朝鮮からの労働者の遺骨を弔った寺は九州に実在する。

アイ狂言は韓国の村老である。本来はパジチョゴリの上にトゥルマギ（外衣）を羽織り、冠《カッ》または黒い宕巾《タングン》を被った形になるべきであろうが、今回は狂言水衣に頭巾を韓国風にかぶって、髯を垂らした両班《ヤンバン》の老人のようないでたちである。問答は、橋掛り三ノ松で行われる。

ワキが「牛の尾の老婆」の家に着くと、引き廻しの内より、シテの嘆息が聞こえる。「安達原」と同工である。しかし、ワキの呼びかけに、作り物の中からの返辞はなく、舞台は静まり返ってしまう。

ようやく引き廻しが下されると、内には老女が端座している。チマチョゴリを模した装束の上にトゥルマギのように羽織った水衣の胸には、朝鮮の衣裳に特徴的な長い紐、オコルムがついている。この能の演技におけるオコルムの役割にご注目頂きたい。

僧の持参した書きかけの手紙に、老女は悲痛な朝鮮語の謡を謡う。「アア、イゼヤ、マンナンネ」

は「ああ、もう一度お会いしましたね」というほどの意味である。朝鮮語の謡は、空前絶後であろう。

折しも、この日は、秋夕《チュソク》の夕暮れである。旧暦八月十五夜のこの日はすでに秋も半ば、韓国では、正月と同じ大きな年中行事である。しかし、老女には訪う人もなく、日本からの僧と対峙している。僧に語る老女の物語（クリ、サシ、クセ）は哀しみと恨みに満ちている。この部分の主軸は、前に記した「井邑詞」である。

クセ　〽哀號の聲は空を覆い
恨みの涙《なんだ》地に満てり
さるほどに宵々は
帰らぬ夫《つま》を思い
ぬしは市に通うらん
山の端の七星は
冥土を照らす星なり。
心静かに歩めよや
泥濘《ぬかるみ》に足とらるなと
胸さわぎ肝をけす。

「井邑詞」をそのまま使っているほかに、韓国の風水説（地勢、陰陽五行などに関する民間信仰）で定められた棺の内底に敷く七星板に象徴される、あの世を照らす星のことが引用されている。

シテ　〽せめてや心慰むと

地謡　〽から砧《きぬた》取出し

打てば心の月清み

寝られぬ長き夜すがら

恨みの砧　空に鳴り

契りは麻衣

断つ思いでの数ふみて

ひとつ、ふたつ、みつよつ（略）

今の砧の音に添えて

はや暁の鶏も鳴き

白む軒の草深み

去年《こぞ》の涙ぞ今日落つる

砧は言うまでもなく現行能の「砧」で使われているので、能を知る人の心には暗喩するものがあるだろう。韓国ではごく近年まで、あるいは現在でも、檀《まゆみ》の木を使った砧で布を打つことが行われていて、宮城道雄も「から砧」という箏《こと》の名曲を作っている。砧の音韻を利用して、打つ、絹（砧）、麻（浅）衣、恨（裏）みなどの縁語をつなげてみた。囃子の方も、「ひとつ、ふたつ、みつよつ」で、小鼓の手が効果的に利用されるなど、工夫がこらされている。クセの終句「去年の涙ぞ今日落つる」は、韓国の恨《ハン》を表すコトワザをそのまま利用したものである。

僧に勧められて、老女は舞を舞う。秋夕《チュソク》の酒を飲み、舞うことを決心する。シテはここで物着（装束などをつけかえる）にかかるが、結婚式で新婦が着る円衫《オンサム》を模したつもりの長絹を羽織る。頭に小さな冠のようなものをつけるが、これは韓国の「簇頭里《チョットリ》」である。結婚式で新婦がつけるチョットリを、ここで老女がつけるのにいささかの意味を読みとって欲しい。能という古典芸能の制約もあって、韓国の民族衣裳をそのまま使うことはできなかった。

物着が終わって常座に立った老女が謡う「砧にも打たれぬ袖のあはれさよ」は、江戸期の俳人路通《ろつう》の句。

さらに「断ち更うすべもなき衣《きぬ》の恨みの舞を舞おうよ」のあとで、橋岡久馬師の初演のときは乱拍子を、観世榮夫師の別演出のときは喜多流の「井筒」で使われる「段ノ序」という心の激した導入部を使って頂いた。そのあと、老女の万感の想いのこもった「序ノ舞」となる。多少寸法の変わったこの舞は、二段目のオロシで特殊な型が入ったりする「恨《ハン》の舞」である。

舞の上ゲのワカは再び「井邑詞」の一節である。

〽山の端の、月よ高みに昇り給え。
〽四方《よも》を遠く照らし給え。

そして老女が、「忘れじや　忘れじ」と念を押すと、ワキが「かかる思いはまたあるまじや　忘れじや　忘るまじ」と云いきかせるように応えて老女は孤独な住まいに帰ってゆくのである。このトメの万感の想いを、是非ごらん頂きたい。

私は、この能の取材のために韓国の山里を旅した。そこには心に染みいるような田園の風景が広がり、昔ながらの人々の暮らしがあった。そこで、いまから百年足らず前に起こった日本の侵略、終戦まで続いた理不尽な支配、もう記録にさえ現れないひとつひとつの不幸な事件。それさえも、いま忘れられようとしている。いまさら現代の老女物でもあるまいと言われるかもしれないが、私には、韓国の老女に「恨《ハン》の舞」を舞わせることに、現代的必然性があると思われた。それは、演劇としての能の、なすべきことのひとつであると信じている。

一石仙人《いっせきせんにん》

前シテ　羊飼いの老人
後シテ　一石仙人
ツレ　女大学
子方　二人　核子
ワキ　男
ワキツレ　従者
アイ1　強力の従者
アイ2　早打

（次第）

ワキ、ツレ〽時世《ときよ》の外《そと》の旅なれや　時世の外の旅なれや
　真理《まこと》の法《のり》を求めん

ワキ　（詞）これは東方より来たれる者にて候。またこれにまします御事は、都に隠れもなき女大学にて候。さてもこの君、女の身にてありながら、宇宙万物の理《ことわり》を知らんと、窮理《きゅうり》の道に志して候。（万巻《まんがん》の書をひもとき、星辰をはかり、数理天文の術を重ぬれども、いまだ時の初め空《くう》の涯《はて》をも知らず。ついに人間の本性《ほんじょう》、物の本質に至ることかなわず候。）　＊（　）内なしにも
さて海山《うみやま》万里の彼方、欧亜《おうあ》の涯に、（一）一石仙人と申して尊き知識のましまして候。相対《そうたい》の摂理、量子の論議、果ては揺らぎの機微までもことごとく解き明かしたると聞き及び、世界の根源をも訊ねんため、はるかなる旅に出でて候。

（道行）

ワキ、ツレ〽万里の波濤、絹の道　万里の波濤、絹の道
　氷の山と死の湖《うみ》の

果てに広ごる黒き森。
異教の寺や、市の人
駱駝の脚にまかせつつ
恒沙《ごうじゃ》の国を過ぎゆけり　恒沙《ごうじゃ》の国を過ぎゆけり。

ワキ　(詞)かかる荒野にいでて候。いまだ日も高く候えば、岩根の蔭におん休み候え。
(別に)あら、ふしぎや。いままでは、日輪中天に輝きしに、にわかに鉛のごときものに閉じられ、あたりは闇に包まれて候。
〽天に星々現われ
遠く雷《かみなり》、稲妻走る
げにもこの世の終りかとよ

ツレ　(詞)いまさら驚くにあらず。これは蝕と申して、月、日輪をかくして光至らず。しばらく静かにおん待ち候え。
かかる奇跡に会うことも、げに一隅の縁なるべし。

シテ　(羊飼いの老人、呼びかけ(二))
のうの旅人。方々はいずくより来たり、いずかたへおん過ぎ候うぞ。

(問答)

ワキ　(詞)これは東方より来たれる者なるが、にわかの闇に前後を忘じて候。そもこれはいずくの国にて候か。また、いかようなる時にても候うやらん。

シテ　ここはいずくにてもなし、またいずくにてもあり。また時とても、過去にても現在にてもあるべし。

ツレ　確かな時空などあると思うなよ。

シテ　ふしぎやな。この時が、今にても昔にてもありとのたまうや。

ツレ　まずあの星をごらんぜよ。(四)いま目前に輝やけるも、十万光年の過去の光。

〽今と見るも昔。昔とみしも現在なり

(五)またあの暗黒の太陽の、そばにまたたく星の光も

重力に曲げられて

地謡　〽彼処《かしこ》にては無かりけり。

(六)時空は歪み、光さえ

曲がる世界のありけるぞ。

とらわれ給い候な　とらわれ給い候な。

ツレ　(詞)げにも妙《たえ》なる理《ことわり》を、おん告げ給うありがたさよ。おん身はいかなる人やらん。

シテ　これは羊飼いの老人なるが、日ごろ砂漠をさまよい、夜は星、昼は日。砂の流れ、風の向き。飛鳥の叫び、獅子の声。または雷、稲妻。隕石の落つを見ては、天地万

象のことを思い候。
あら、はや光の戻りて候よのう。

ツレ　〽げにげに新月に閉ざされし、

地謡　〽日輪ふたたび光《かげ》を現わし、さんさんたる日の光《ひかり》あたりを照らし給うぞや。

ツレ　されば時空の理《ことわり》を、なおも詳しくおん語り候え。

シテ　われらごときの羊飼いの、しるべきことにあらざれば、眞《まこと》の宵の闇を待ちて、一石仙人に問い給え。
〽蝕の闇、明くるとともにわが名をも。

地謡　〽明くるとともにわが名をも、
明かしつ星も消えゆけり。
いまはわれも帰りて、
かの星々の廻りくる
まことの夜の闇のうちに
再び姿を現わさんと、
いうかと見るやたちまちに
砂嵐をまき起して、
光り物にうち乗り

空の果てに消えにけり　空の果てに消えにけり。

【中入り、来序】

アイ1　（早打、杖にて現われ一巡）
ふしぎや、ふしぎや。ふしぎや、ふしぎや。不思議のことやな。とうど息が切れた。
（作り物の陰で休む）

ワキ　（シテに向かい）
ただいま砂漠の彼方より、何者か喚《おめ》き叫び走り来るもののござ候。何事か、尋ねさしょうずるにて候。
（別に）いかにたれかある。

アイ2　おん前に候。

ワキ　あの騒がしきは、何事を申すぞ、急ぎ聞いて参り候え。

アイ2　かしこまって候。まことにかまびすしきことじゃった。あれそこにいる。のうのう、そこな者。何をふしぎとわめいていたぞ！　ふしぎとは何のことじゃ。語って聞かせいやい。

アイ1　おことこそ、このような砂漠で何をしているぞ。

アイ2　それがしの主人は、一石仙人とやらをたずねて、はるばる来たれる旅のものじゃ。

アイ1　なんと、一石仙人とや。仙人はここらにござ候か。われらも一石仙人に不思議なることを告げんために、これまで急いできたるものでござる。

アイ2　して不思議とは何のことじゃ。

アイ1　これをふしぎといわれず候か。さてもさてもふしぎなることの起こりたるものかな。

アイ2　さればこそ何事なるぞ。

アイ1　(語り)このほど日本の都の空に、怪しき光り物降りくだり、世にもふしぎなることの起り候。

そもそもことの起こりは、十年あまり前の神かくしにて候。都、下京あたりに、双子の兄弟ありけるが、世に瓜二つと申すごとく、顔かたち寸分たがわず親も見分くることかなわざりけり。さるほどに、兄たる男の子、七つの年天狗にとられ行方しらずなり申して候。

アイ2　それは大変なことじゃ。してなんとした。早く聞かせいやい。

アイ1　はや十年あまりにもなりしとき、あの比叡の山のかなたに妖霊星の如きもの現われ、電光のごとき迅さに飛び来たり、四条河原のあたりに落ち申して候。

アイ2　してそれは何であった。

アイ1　京童大きに驚き、河原に行きて訊ねけるに、光り物の落ちしあたりに、十ばかりなる幼き者の立ちて候。名を問えば十年あまり前天狗にとられし、双子の兄と申す。

アイ2　よくよく見れば面ざし少しもたがわず、兄弟の対面をなさせ申して候。
アイ1　それは良かった。喜んだであろう。
さにあらず。都にありし弟は、十年の間に成人なし、たくましき若者となりて候に、天狗にとられし兄は、いまだ前髪の小人のままにござあり候。
この兄、弟に語りしは、七つの年に天狗にとられ、光り物に乗りて電光のごとく中有を旅せしが、帰りて見れば、弟ははや年長となり、父母も老い、親戚の者は世を去り、まことにうつつとも覚えずと申して涙を流しけり。
アイ2　げにも二人の者に流れし光陰は異なりしか。
アイ1　そうよ、そうよ。京の物見高き人々は皆いぶかり申して候。
アイ2　もっともじゃ。それは一石仙人といえる賢者の説かれし、双子の話とそっくりじゃ。
アイ1　げにもげにも一石仙人の申せし如く、光とともに飛び行く者の光陰は遅く、止まる者のときは迅しとはこのことなるべし。
あまりにふしぎのことにて候えば、このことを人々にも伝え、仙人にもしらせ申さばやと、いま国々をめぐり歩き候。仙人はいずくにましますか。急いで伝え申さばやとこの国へも来たりて候。
アイ2　まことにふしぎなことじゃ。われらも急いで帰って、あるじにお伝え申そう。
アイ1　ふしぎや、ふしぎや。ふしぎや。えい、ふしぎなることよのう。

（本幕で去る）

アイ2　（詞）ただいまの話をおん聞き候か。
ワキ　確かに聞きて候。（ツレに向かい）これは何としたことにて候ぞ。
ツレ　まことに不思議なる事にて候。
ワキ　かかるふしぎを知る上は、眞《まこと》の法《のり》を聞かんため一石仙人を待とうずるにて候。
ワキ、ツレ　（待謡）〽夕陽《せきよう》砂に隠るれば　夕陽《せきよう》砂に隠るれば
星、満天にまたたきぬ。
星雲乱れ嵐吹き
獅子座に流星流れたり。
（八）これぞゆらぎのきざしかや。

（オオベシ）

シテ　（一声）〽おお渺々《びょうびょう》たる宇宙よな。
（九）十万光年の彼方より
一千億の星々が

一《いっ》の銀河を織りなせる。
かかる銀河が億千と
たんだく先はいまもなお
（十）遠ざかりゆく涯ぞかし。
さて、星々は、天空に

地謡　〽大渦巻きを描きつつ
（十一）時空輪廻の理《ことわり》を現わす。
この大宇宙に、
（十二）星は生れ、星は死す。

シテ　〽まして人間においてをや。

ワキ　（問答）〽ふしぎやな　星降りかかる地平より
光に乗りてたちまちに
現われ給う老人は、
一石仙人にてましますか。

シテ　われ幼少の昔より物の本性《ほんじょう》を求め
時空の源を尋ね
ついに知り得し理《ことわり》を

相対の理《り》とは申すなり。

ツレ　〽今宵は星も天に満ち
廻る銀河の流れを引きて
宇宙の摂理を語り給え。

シテ　(詞)語り申さん。このために
会うこと稀なる蝕の日を
選み申して来たりたり。
よくよくおん聞き候え。

地謡　(クリ)〽それ時空の開闢《かいびゃく》と申すも、
(十三)一点より始まれり。
一《いっ》(十四)の火球と現じて膨張とどまることなし。
億の銀河を生み出し、星辰限りもなし。

シテ　(サシ)〽(十五)百億年の昔とかよ。

地謡　〽(十六)またその前は絶対の無、
時もなし空《くう》もなし。
やがて光と物質を生み
宇宙の根源をなせり

シテ　〽（十七）さらに天体を凝《ぎょう》じて
天地《あめつち》分かれたり。
地謡　〽五蘊《ごうん》のうちに生《しょう》（十八）を発し、
〽雨露鳥獣をはぐくみ
ついには人間（十九）を生めり。
シテ　〽（二十）さらに五億年を経ぬれば、
地謡　〽地球とても氷に閉じられ
絶対温度のそのもとに
死の星となり果つべし。
地謡　（クセ）〽地を走るけだもの、空を飛ぶ鳥
花木虫魚に至るまで
この法《のり》を免がるることなし。
ましてや人間、
（二十一）もろともに宇宙の、微塵となりて
無方に散乱すべし。
しかるに　万物の理《ことわり》は
時空には歪みあり

(二十二)止まるものとゆくものに
光陰は等しからず
(二十三)重力もまた異なれり
たとえば千仞《せんじん》の
谷に落ち行く獅子の仔は
己が重きを知らぬなり
(二十四)力は質量にことならず
日輪の燃え尽きざらんゆえなり。

シテ　〽しかれば天の海

地謡　〽(二十五)光の舟にうちのりて
星の林を漕ぎ行けば
(二十六)星はみな、一点より現れ
一点に向かい消えゆけり。
(二十七)近づく星は青くして
去る星は赤かりき
また激流に流さるる
弧舟《こしゅう》より月をながむれば

シテ　〽一月三舟《いちがっさんしゅう》の理あり(二十八)
(二十九)月なき夜の葦舟は
止まるも行くも覚えず。

シテ　〽いで核子らを解き放ち
核の力を見せ申さん。
核子らよ来たれ。

(子方二人、舞働)

シテ　〽かかる力を見る上は
戦、争い、破壊には
(三十)原子の力よも使うまじ。
忘るなよ、人間。

シテ　〽されば重力に逆らいて
宇宙の有様見せ申すべし。

(立廻り)

シテ　〽(三十一)かようの不思議を知ることも

人間にほかならず
この世のまことの不思議とは、
無限を知れる人間。

地謡　〽(三十二)“Raffiniert ist der Herr Gott aber boshaft ist Er nicht”

シテ　〽混沌《カオス》の海に秩序《コスモス》を生じ

地謡　〽混沌《カオス》の海に秩序《コスモス》を生じ
生命《いのち》を宿せし、輪廻の時計も
いまは見えたり、さらばよと
彼処《かしこ》の星雲、宇宙の微塵《みじん》を
波立て　打払い　時空に飛行《ひぎょう》して、
ここと思えば彼処に立って
あれあれ星も死にゆくぞと
天を指さし、地軸を貫ぬき
たちまち起る電磁の嵐《あらし》
重力を越え、時を戻し、
歪める地平のさかしまの天地に
すなわちひとつの火球《かきゅう》となって

すなわちひとつの火球《かきゅう》となって
黒点(三十三)に引かれて失せにけり。
(幕に跳び込む)

註

(一) ドイツ語で読んだ、アイン＝一、シュタイン＝石、からの洒落。
(二) 人間はどこから来てどこに去るかという謎。
(三) 相対論ではニュートンの絶対時空は存在しない。また量子論では場所や速度は確定できない。
(四) 太陽系銀河で最も遠い星は、十万光年の彼方ということになっている。したがっていま眺めている星は十万年前の星の姿である。
(五) 日蝕の時、太陽の近くでは太陽の重力に引かれて星の光が曲がっていることが観測された。アインシュタインの一般相対性理論の証明。
(六) 「時空は歪む」は、一般相対性理論を基礎に証明された。
(七) 双子のパラドックス。光速に近い速さで移動している方の時間は遅れる。「浦島効果」とも呼ばれる。
(八) 無から有を生じた最初の事件は、「ゆらぎ」とされる。
(九) 太陽系宇宙の縁は十万光年の彼方である。太陽系宇宙は二千億ていどの星からなる銀河である。
(十) 大宇宙の最も外側は、いまも光速を超える速さで膨張し続けている。
(十一) 宇宙は死と生成を繰り返す。

（十二）宇宙では、星は褐色星として生まれ、数億年輝いたのちに白色矮星から黒色矮星となって死ぬ。重量級の星は爆発して超新星となり、その後、白色矮星、中性子星、あるいはブラックホールに変わって一生を終える。
（十三）宇宙の始まりは、特異点という微小点であるとされる。
（十四）いわゆるビッグバン。特異点に大爆発が起って急速に宇宙が生じたという説。
（十五）宇宙の始まりは、宇宙の膨張の速度から計算して百数十億年ていど前であろうと考えられている。しかし、測定法に応じて七十億年から二百億年ほどの幅がある。
（十六）特異点より前は、時間も空間も、現在のような物理法則も存在しなかった。
（十七）われわれの太陽系は約四十五億年前に生まれた。地球を含む太陽系の惑星は全てこのとき生成された。
（十八）生命の誕生は、三十五億年前、原始的な細菌のような生命体として生まれた。
（十九）人間がチンパンジーから分かれたのは四百五十万年前といわれる。
（二十）地球もあと五億年ていどで冷え、死の星となる。
（二十一）宮沢賢治『農民芸術概論綱要』。「まづもろともにかがやく宇宙の微塵となりて無方の空にちらばろう」
（二十二）前述のように光速に近い速さで動くものでは時間が短くなる。特殊相対性理論。
（二十三）落下するエレベーターの中の人間の重力はゼロとなる。逆に上昇するエレベーターの中では重力が強まる。アインシュタインの、重力に関する相対性理論。
（二十四）アインシュタインの有名な式。$E=mc^2$　エネルギー（E）は質量（m）に光定数（c）の二乗を掛けたものに等しい。この考えによって原子核から原子力エネルギーを取り出すことが可能になり、原子爆弾の理論的根拠が与えられた。太陽が百億年も燃え尽きないのは、核エネルギーを絶え間なく作り出しているからである。
(二十五)『万葉集』巻七「柿本人麻呂、天《あめ》を詠む。天の海に　雲の波立ち　月の舟　星の林に　漕ぎ隠る見ゆ」。
(二十六)相対性理論では、光速に近く移動するとき、すべては一点より発して一点に消えてゆく。したがって星は前方の一点に集まり、後方の一点に去る。
(二十七)光速近くで飛ぶとき、前方から来る光の波長は短くなり、したがって青の方向に変化する。逆に、遠ざかる後方の光の波長は長くなるので赤方に偏移する。いわゆる「光のドップラー効果」。
(二十八)仏教説話「一月三舟」における相対性理論。動いている舟から月を見ると、止まっている月が、下流に流れているようにも上流に動いているようにも見える。見る者の立場によって対象の姿が違うことのたとえ。
(二十九)慣性系におかれた物は動いていてもそれを感じない。たとえば電車が移動しても、周囲が動いていると感じる。もし光がなく、周囲を見ることがなければ、電車が動いていることを感じることはできない。
(三十)核戦争の脅威にアインシュタインはいつも警告していた。それというのも、核エネルギーは彼の $E=mc^2$ の式から導き出された。
(三十一)アインシュタインは、人間が限られた存在なのに無限のものを認識することができることを最大のふしぎとした。
(三十二)プリンストン大学のホールの石に彫りこまれたアインシュタインの言葉。「主なる神は老獪だが意地悪ではない」の意。
(三十三)ブラックホール。中心は著しく質量が大きく、全てのものを重力で引き寄せる。光も時間も空間も吸い込まれる。

創作ノート

二十世紀最大の科学の発見といえば、量子力学、相対性原理、そして遺伝子ＤＮＡ構造の解明であろう。ことにアインシュタインの相対性原理は、私たちの時間と空間の認識を一変させ、宇宙の概念、さらには人間観そのものまで変革した科学思想として大きなインパクトを持っている。

ところが、相対性原理についての専門書や入門書は山ほどあるが、その思想がわれわれ人間に何を語りかけているかについて説いたものは少ない。科学者にとってさえ難解な相対性原理は、たとえ入門書であっても複雑な数式を用いたやり方でしか語られず、人々の心に直覚的に訴えかけるようには伝えられていない。

私が相対性原理のふしぎな世界に初めてふれたのは、大学に入って間もなく、友人と朝から晩までとりとめのない議論をしていたころのことであった。物理学が得意だった友人が、光に向かって高速で進むと光の波長が変わって青く見えるという「光のドップラー効果」について話してくれた。救急車が、ピーポーという警笛音を鳴らしながらこちらに向かってくる時その音は高くなるが、目の前を過ぎて遠ざかってゆく時には低い音になる。光もそれと同じだ、と絵に描いて見せてくれた。オートバイに乗って雪の中を突っ走ると、雪は前方の一点から降ってくること、そして後方の一点に向かって消えてゆくことなども、この友人のオートバイにまたがって実際に経験したことである。そんなきっかけから、相対論の入門書を読みあさり、そのふしぎな世界にのめりこんでいった。勿論すべてを理解したわけではないが、時々は相対論の世界の夢をみるほどだった。やがて、原子爆弾も、太陽熱エネルギーも、ビッグバンに始まる宇宙も、そしてやがて訪れたコンピューターネットワーク社会も、相対性原理によって生じ、それを基礎に発展したものであることを知った。相対性原理は、私たちの身の周りにあったのだ。

人間の世界認識まで変えてしまったこの思想を扱った芸術作品はあるのだろうか。相対論は芸術にどんな影響を与えたのだろうか。

現代芸術には、何らかの形で相対性原理の影がさしている。この思想が、時間や空間、世界と人間の認識に全く新しい観点を導入したのだから当然であろう。そういう眼で、ピカソやエルンストの絵を眺めることもできるし、現代音楽にそのエコーを聞くこともできよう。

でも相対論の世界を、演劇で直接的に表現することはできないものだろうか。乱暴かも知れないが、私は能で表現することを考えた。

能には相対性原理を表わすのに適当な技術が使われていると思った。それにこれまでの能の作品にも、仏教思想や東洋の自然観など、ある種根元的な思想を題材にしたものが多い。

たとえば、能の中ではしばしば時間が伸縮する。「急ぎ候ほどに、はや都に着きて候」といえば、瞬時に時空を超えて旅することができる。観客もそれを受け入れる下地がある。

「張良」という能で、後シテが現れるところを思い出してみよう。大ベシというゆっくりした音楽のうちに、「黄石公」という人物が橋掛りに現れる。うなりのような大ベシの響きが、ドップラー効果をもって、はるかかなたにいたはずの黄石公を一瞬のうちに舞台に出現させ、しかも彼がすでに長い間土橋に腰かけて待っていたことを観客に納得させてしまうのだ。勿論、名手が演じて初めて、こんな時間の伸縮を表現することが可能なのだが、この種のトリックは能のいたるところで使われている。

私は数年来、この考えを胸に抱いて相対性原理の入門書を再び読みふけった。二〇〇〇年に入って、いよいよ能の形にまとめてみようと思いたった。

用意していたメモを頼りに、舞台の構成を考えた。一石仙人《いっせき》という名は、アインシュタインをドイツ語読みした時の洒落である。そのアインシュタイン自身が舞台に現れて、相対性原理を実現するという筋である。

まず「次第」の囃子で、ワキ、ワキツレを従えた女（ツレ）が現れる。能「山姥」と同工である。そしてこの能の背景が語られる。場所は異境の砂漠。女の一行はここで日蝕に出合い、闇の中でふしぎな羊飼いの老人に呼びとめられる。老人は日蝕時に観測される光の歪みについて語る。蝕を晴らして消える謎の老人。これが一石仙人の前身なのである。

そこに都からの早打が現れて、相対論に含まれる有名な時間の相対性を語る。高速で移動する者と、地上に静止している者の時間の速度が異なるという、いわゆる「双子のパラドックス」の話である。はるか西の国の砂漠に、唐織姿の女や、中世の早打が出現してもおかしくないのが能の面白さである。

やがて大ベシの囃子で、一石仙人が橋掛りに本体を現す。実際のアインシュタインを思わせる茗荷《みょうが》悪尉の面を着けて。そして星降る銀河のもとで相対性原理の宇宙観と、それをふまえた人間存在についての摂理を述べる（クリ、サシ、クセ）。

私はかつてアフリカの砂漠で、降るほどの満天の星を眺めたことがあった。またたく間にいくつもの星が流れたので仰天した。砂漠で宇宙を思うというアイディアは、この経験から生まれた。クセでは宮沢賢治、『万葉集』の柿本人麻呂、仏教の「一月三舟《いちがつさんしゅう》」の説話などをひきながら、相対論の主要な問題を提示した。在来の能でも、「白鬚」などには天文学的数字が現れるが、ここで扱う何十億光年という時空には匹敵できまい。しかし「歌占」や「山姥」で語られる世界には、ほとんど相対論を超えた宇宙観があったことを知って、改めてびっくりした。

一石仙人はやがて核子たち（子方）を解き放ち、縦横に舞台を走らせて核エネルギーの力を見せつける。この能のメッセージのひとつは、それを戦いや破壊に使うことを固く戒めるところにある。そして一石仙人は、時空を旅する「立廻り」を演じ、ビッグバンに始まる宇宙観を説き、ついにはブラックホールに吸い込まれて消える。このような無限の世界を知ることができるのも有限の人間である。そういう人間存在のふしぎをわれわれに示しながら、シテは再び無の世界に帰って行くのである。

この能は、いうまでもなく相対性原理や量子力学の解説をしようとしたものではない。二十世紀に入って展開した新たな時空認識の世界を象徴的に垣間見せ、そのふしぎに眼を開いてみようというのが、この能の目的である。能の言葉の限界もあって、理論の詳細を記載するなどということはもちろん不可能である。表現しにくかった部分について、観客は註を参照されたい。

しかし、この新作能の試みで、私たち一般の人間が、相対論の世界の存在に気づき、それに思いをいたらせることができたならば、作者としては幸いである。子供の頃、星を眺めて夢見たメルヘンの世界だと思ってもよい。またこの新作能は、古来の能の形をかなり保守的に守ってはいるが、相対論を題材にすることで新しいキャラクターを能に取り込み、能の限界を少しでも広げることができるのではないかと思っている。舞台の上でこれが実現できればどんなにありがたいことか。

本文中のわかりにくい言葉には、最後に註をつけた。参照されたい。

原爆忌

場　所　広島。灯籠流しの川辺
時　　　原爆忌の夕暮れ

前シテ　被爆者の老女。面「姥」。持ち物、灯籠に竹筒。数珠。
ワキ　旅の僧
ワキツレ　若い従僧
アイ1　気が触れたホームレスの老人（狂言面ありもなしも）。
アイ2　ホームレスの若い男。
後シテ　被爆者の男の霊。前シテの父親。面「かわず」、痩男の類。紸水衣、着流、腰縄。

（名乗笛）

ワキ　これは東国よりの巡礼の僧にて候。さても先の世の戦さには、失われしもの多き中にも、核の力を用いたる爆弾、この広島の地に落とされ、瞬時にして数万《すまん》の人々、犠牲になりたると申し候。早六十年《むとせ》を経たれども、いまだ思いは失せず候。その戦いの後を訪ねんため、はるばる広島に参りて候。

ワキツレ　これが聞き及びたる原爆ドームかや。げに恐ろしき破壊の力なるかや。
（カカル）石の壁吹き飛び、鉄の骨もあらわに、雲の峰たつ夏の空に、吹きぬける風熱く、そぞろに被爆の有様思い出でられ、心も暗くなりて候。

ワキ　（歩みつつ）
（別に）かかる惨禍の後を見るにつけ、気がかりなるは今、核武装の議論沸き起こりしことに候。

ワキツレ　この広島も六十年《むとせ》平和を保ち候が、今またかかる不安を負いて候。

ワキ　戦の惨禍を忘れ、過ちを繰り返すは、人の性にてありけるか。あらうたてのことやな。
（シテ、橋掛かりを歩みつつワキを聞きとがめ、やや激して）

シテ　何と、この国にても、核武装の論議あるとかや。

（カカル）うたてやな、この広島は、先の世の戦に、一瞬にして数万《すまん》の命を失い、恒久《とわ》の平和
を誓いしを、忘れしか。あら心寒のことやな
われも被爆し、父を失い、
（別に、カカル）かくみつはぐむまで年老いて、今日灯籠を捧ぐるなり。

ワキ　よしなき独り言を申して候を御聞き候か。

シテ　（詞）今宵はしかも原爆忌、
犠牲者の霊を慰めんため、
（カカル）われも灯籠を流さんと。
（拍子合）〽比治山に立つ夕煙

地謡　（初同）〽比治山に立つ夕煙
踏みしだかれし夏草の
匂いもしげき蟬の声、
灼熱の陽もかげり行く
夏の宵なれば先の世の
戦さの憂い晴れやらぬ
暗き思いの灯の
灯籠を流さんと

元安川の水辺に
閼伽水を手向くるも
死せる人々を悼むなり
犠牲者の霊を悼むなり

ワキ　（初同の間に舞台正中にひざまずく）
（呼びかけ）
いかにおうな、おことの持ちたるは、竹筒に水を供え持ちたり。何かいわれにても候やらん。おん教えそうらえ。

シテ　いかにおん僧、われも今宵は灯籠を流し、死者の霊を慰めばやと思い候。また被爆の後、あまたの人々、水をくれ、水飲ませよと、求めつつ、そのまま息絶えたるものの声忘れられず、せめてのことにこの竹筒に水を汲み灯籠に添え流さばやと思い、竹筒を用意つかまつり候。

ワキ　あら優しやな、おうなも戦争のこと見知って候か。

シテ　われも幼なきころながら、原爆の惨禍に遭いしことども、今もありありと覚え候。

ワキ　これは巡礼のものなるが、原爆に遭いしこと、語って聞かせ候え。

シテ　(サシ)〽さても広島の惨状、思うにつけて浅ましや。
地謡　(クリ)〽天も裂くると見る光に
轟音耳を劈けり。
灼熱の爆風身を襲えば
家も木も炎に包まれ
町は一瞬に燃え上がる。
シテ　(サシ)〽瓦礫となりし路頭には、
四肢崩れたる死骸あふれ、
地謡　亡者のごとき人々は、
口々に水を乞いつつ倒れ臥す。
シテ　〽われも爆風に身を焼かれ、
父母を求めて泣き叫ぶ。
地謡　〽母は火の下となり。
苦しみ悶えつつ息絶えぬ
シテ　〽われは眼もくらみ足も萎え
地謡　〽母のむくろを後にして
父を求めてたずね行く

シテ　〽太田川の川岸は死屍に埋まり
地謡　〽川水は血に染まりけり。
生きて地獄を見ることも
これのことかと知られたり。（サシ止め）
（クセ）広島は
火の海となり、燃えさかる
黒煙空を覆いけり
人々は襤褸のごとく倒れ臥し
口々に水を乞い
助けを求め
母を呼び子を呼ぶ声は
叫べども帰らず
ただ焼け野が原に尾を引きて
煙の内にこだます。
シテ　〽われも巷に流離《さまよい》て
地謡　〽荒れ狂う業火の中に
父の名を叫びつつ

逃げ惑い倒れ伏す
うち重なれる死骸のうちに
父かと見て走り寄れど
火にくすぼりて見分きもあかず
心絶え魂消え
ただおらび泣くばかりなり
広島の廃墟をさまよいつ
おりしも天より
黒き雨降りかかり
生けるものも死すものも
ともに黒き雨に晒され
死の灰に身をおかされて
命も涸るる太田川
阿鼻叫喚の広島の
葉月六日のことなりき。（クセ止め）

シテ（クドキ）〽父はいずくと
探せども求めども

地謡　あるは屍骸と骨ばかり
〽ただゆきくれて呆然と
泣き叫ぶ力も失せて
火炎の辻に立ち尽くす

シテ　〽されど幼き身なれば
人の手に助けられ
かく星霜を永らえたり。

地謡　〽それより後の年月は
病の床に身を任せ
おどろの髪も抜け落ち
父の面影抱きつつ
いつしか六《む》十《と》年《とせ》を
夜空の星に数えつつ
石に刻めるこの恨み
忘るることはよもあらじ。

ワキ　詳しくおん物語り候ものかな。さて父ごは探しおおせて候か。

シテ　あの惨状にて候。われらも親類を頼み、手を尽くして探し求めども、ついにゆくえは知れず候。爆心地に近ければ、失われ候べし。

ワキ　（カカル）無残やな。その日より早六十年。かかる惨事に遭いしこと、よも忘るることはあるまじ。

シテ　〽しかるに何とこの国に
今核武装の兆しとかや
われも被爆者
戦争はゆるさじと

地謡　〽声打ち震え胸迫り
涙とともに訴えるも
原爆の悲惨さを
知るゆえにほかならず。

ワキ　もっともにて候。

シテ　のうおん僧。これも縁《えにし》にて候ほどに、父の霊をおん回向あって賜り候え。

ワキ　それこそ出家の望みにて候。はるばる広島に来た甲斐もあったということにて候。回向申し候べし。

シテ　あらありがたや候。

ワキ　はや日も暮れ初《そ》めて川風も出で、遠雷もきこえ候。

シテ　急ぎ立ち返り、灯籠に水を添え、再びおん目にかからんと。

地謡　〽夕風に
近づくしげき雨脚に
近づくしげき雨脚に
水嵩増さる太田川の
川面に映る灯籠に
現なき影を落としつつ
女は泣く泣く立ち帰れば（笛アシライ）
空黒々と掻き曇り
にわかの雨、稲妻
（気をかけ）雷鳴とともに風募り
後冷え冷えと影もなし
後冷え冷えと影もなし
（中入り、早鼓、または送り笛）

アイ1　（アイ1、ホームレスの老人ひとり本幕で走り出る）
おそろしやおそろしや、おそろしやおそろしや、ドンドロが鳴りくさるワイ。
桑原桑原（舞台を逃げ惑う）
あの日よりドンドロが鳴ると、おとろしうてかなわぬ。あれはまさしうピカドンのようじゃ。どこへ隠れたらいいものか。雨も降ってきた。ほうれ、しとど濡れたわい。

アイ2　（アイ2、若いホームレス後からのっそりと現れ）
そのように恐れるものがあるかやい。この石段に腰をかけ、雨の上がるを、ゆるりと待つがよかろう。

アイ1　そのようなのんきなことがあるものか。桑原桑原。身が震える。
しかし、連れのあることは心強い。わしもそこに行くから待ってくれ。少しは収まったようじゃ。

アイ2　何ゆえそのようにおそるるか知らん。たかが雷ではないか。

アイ1　雷とは知っても、どうにも恐ろしうてならぬ。まるでピカドンのようじゃ。あの日のことが思い出されてどうにも震えがとまらぬわ。
それがしは港の方に行っていたので命拾いしたが、ここにいたとしたら、到底命はおぼつかなかったワイ。この世で何が幸いするかは分からぬことじゃ。

アイ2　なんの話じゃ。またおぬしの得意の原爆のことか。

アイ1　いわずと知れたことじゃ。

朝の八時十五分過ぎくらいのことじゃった。あの相生橋の方から、ビーが一機静かに近づいてきたのが、音もなく落下傘のごときものをひとつ、ゆらりゆらりと落としよった。途中でピカと光ったと思うと、後は目もくらんでよう分からぬ。後で聴けば恐ろしいことになった。ドーンと雷が百も落ちたようなすさまじい音とともに、灼熱の爆風がふき、土も木も炎に包まれた。この広島の町は一瞬の間に瓦礫となって砕け散り、一万六千度の熱で火の海となってしもうた。

アイ2　また雷が鳴りよった。まるであのときのようじゃ。気味の悪いなりようじゃ。胸の悪くなることじゃ。落ちねば良いが。

アイ1　落ちることはない。遠くに鳴っているだけじゃ。

それが危うい。あの日も、遠くからとて、ピカをまともに見たものは目を潰され、光にあたりし者は火に焼け爛れて、苦しみもだえて焼け死んだ。女も男も丸裸のむくろとなり、眼を向くるもかなわじゃった。それが何百と折り重なって火のうちにあったは、さながら地獄絵図であったわい。

それがしは、一瞬の違いで眼をそむけたが、石垣の陰に吹き飛ばされたが運が良いことじゃった。右の方よりの光に当たっただけで、ほうれ、片面が焼け爛れて、顔が捻じ曲がった。長い年月のうちに、かようの姿になってしもうた。

助かったものとても、衣焼けおち、皮膚は襤褸のごとく焼けただれた。叫べども声は出ず、あるものは天をかきむしり、またあるものは水を乞いつつ彷徨うた。水をくれ、水をくれやーい。あの声が聞こえるようじゃ。犠牲者のむくろは山をなし、八月の暑き陽にさらされ、臓腑はむき出しとなり、男、女、たれがしをもみわくることあたわず。後ともなれば、腐肉に蛆わき死臭鼻を突く。こういうも恐ろしい。

オヨヨ、オヨヨ、オヨヨ。（とすすり泣く）

人びとは、わが子、兄弟を求めて巷をさまよい、西東《にしひがし》とありくうちに、力絶え息絶えたるもあり、また水を求めて川に身をなぐるもあり、あの三滝の橋の下はむくろ折り重なって川面も見えず、または山となりて路面を覆う。それがしも妻や子を探しありくほどに、夕べとはなりぬ。いままでの晴天、にわかに黒き雲に覆われ、風を呼び竜巻起こり、黒き雨降り来たり、人も死骸も瓦礫も、ただぬれそぼち見捨てられ、叫ぶ声もよわよわと、地にしみ込んで消えうせたわい。オホオホオホ……（と泣く）後は寂寞の夜となった。そのとき犠牲となりたるもの、二十万一千九百九十人と聞いた。

ああーっ。さればこそ落ちたわい。おそろしや。おそろしや。空も真っ暗になった。この辺りには、死人の山があったから、このような晩は、ここらあたりに犠牲者の

ワキ　幽霊が出るそうな。おそろしいから、走って帰ろう。のうおそろしや、おそろしや。
（と言いながら本幕で去る）
アイ2　いまのひとの語りしは、まことにてあるか。
ワキ　昔よりこの話何度も聞きて候。
原爆のこと今こそ思い知って候。今日は原爆忌にあたりて候ほどに、雨の中にも回向申そうべし。
アイ2　さあらば、われらもともに弔おう。
この雨では、今宵の灯籠流しもかなうまいということじゃ。
ワキ　されば死者を弔わんと、祈る声も静かに、
（待謡）〽雨降りしきる川の面
雨降りしきる川の面
風吹きすさぶ太田川の
流れに浮かぶうたかたの
たむけの小さき灯籠の
流る川面におぼろげに
それかとみゆる人影は
かの犠牲者の影かとよ

（カシラ越のような手、一声）

（一の松）

後シテ　〽おお、荒漠たる廃墟やな、
さしもに広き広島の
町は六千度の熱に焼かれ
業火に包まれ
ごうごうと燃えているよ。
われはわが子に行き別れ、
（別に）水くれよ、のう、人々、
渇く、渇く、火のように。

ワキ　雨降りしきる川霧の
暗きに走る稲妻の、
光に浮かぶその影は
原爆の犠牲者か。

シテ　〽わが広島の天は裂け、街も潰え
満潮の黒き川のみ流れ、

地謡　（カカル）〽猛火は天より降り注ぎ
〽紅蓮の炎に包まれて
この広島は廃墟となって
音を立てて燃えさかる。
シテ　〽灼熱の光に当たりしものは
地謡　〽石に姿を刻まれて
形は消えて跡もなし
生き延びしものとても
焼けただれ地に倒れ
幽鬼のごとくさまよいぬ
シテ　（ノラズ）〽われもいつしか
身にまとう衣焼け落ち
火ぶくれの姿をさらし
地謡　〽悪鬼羅刹の如く
立ち上がり杖にすがり
シテ　（一声）右を見るも屍《かばね》、左をみるも屍
地謡　〽むくろは焼けただれ引きちぎれ

人の形はいずくぞ
骸骨までも燃え上がる
見渡すばかりの廃墟、瓦礫。
まこと集合地獄とは
これのことかや、あさましや。
ワキ（カカル）〽あらおそろしや、耐えがたや。
あれに見えたる人影は、かの犠牲者の姿なり。
かの広島の惨状を、
語らんために見みえしか。
シテ　〽時流るとも忘れめや、
脹れ膨れたる人の群れ、
口々に水を乞い、
死屍を踏み分け、
子を求め親を探す。
われも幼子を失いつ、
焦土の街に求め行く。
シテ（カカル）〽おお、わが子は何処にありや。妻も死にたるや。

などてかかる憂き目に会うぞ。おそろしや。

地謡　〽子を捨てて、逃げし報いか、この業火、
足裏《あなうら》を焼き、身を焦がす。
衣も炎に包まれて、
皮膚ははがれぶら下がり、
ししむらも裂け血は流れ、
立ち迷う姿は、げに
現の人か、地獄絵か。

シテ　〽あらあつや、耐えがたや
水くれよ、のう

（カケリ）

シテ　〽水くれよ、のう
水くれよ、のう、のう。
渇く、渇く、火のように、

地謡　〽求むれど

猛火《みょうか》に包まれ水はなし、
助けを求め水を乞い
常葉《ときわ》の橋に駆け上りて
川瀬を眺むれば無残やな
見渡す限り
死屍累々と折り重なって
足の踏み場もなかりけり。

シテ　〽おおわが子はいずくにありやと、

地謡　〽声を限りに叫べど呼べど
煙霧と炎に覆われて
道は広島、六つの川に
死骸は川面を埋め尽くす

シテ　〽折りふし潮満ち来たり

地謡　〽探すべき便りも波の
川岸にも焼け野原にも
見出すこともなかりけり。
ただよい、さまよい、眼を凝らせば

見慣れたる薄衣に
あれはわが子と走りより
抱きあげ見れば無残やな
たれとも分かぬ幼子の死骸なり

シテ　〽詮方もなく立ち返り

地謡　〽かなたこなたとたずねありく、
道黒々と広島の
空はにわかに掻き曇って
竜巻を呼び風募って
天より黒き雨降り来たり、
生けるものも死すものも
皆冷え冷えと濡れそぼち
死の灰は身に降りかかり
苦しみ悶え死に行きしは
所はここぞ広島の
太田川の川波に
叫ぶ声も消えにけり

叫ぶ声も消えゆけり

(シテ消え、ワキ唖然として見おくって止め)

(終幕、いったん暗転して、付祝言の形の鎮魂の段。シテ退場するとともに灯籠もちたる群衆二人三人と出てワキ、ワキツレ、アイの二に灯籠を手渡し、退場する。橋掛かりに明かり点く。シテの姥は後から、幕から出る。鉦鼓を持って、一の松まで出てそれを打って、シオりつつ、灯籠を見送り終わる。ワキも数珠を持ち、立って見送る)

(鉦の音二、三して)

ワキ (カカル)〽犠牲者を、

弔う声の音高く、

黄泉路までも届くかと

平和の祈り天に満つ。

(峠三吉の詩、下音で、呪文のように単調に)

地謡 〽私を返せ。父を返せ。母を返せ。人間を返せ。人間につながるすべてを返せ。

ワキ (かぶせて)〽被爆者のおうなの父も、

安らかに眠り給えや。

地謡　（ゆっくりとあまりノラず、行進曲にならぬよう）

〽夏の雨にや過ぎて
いつしか空に虹もかかり
己斐《こい》の山々夕映えの
川水に、沿いて流るる灯籠の
赤き灯影に影映る
戦いの犠牲者を
弔う心もろともに
死者を慰む一念に
揺るる流れの縁《えにし》を引きて
この灯籠を流さん
灯籠を流しつつ
灯籠を流しつつ
後の世に語り継ぐべし。
過ちは繰り返すまじ、

シテ　とことわに御霊《みたま》は
安らかに眠り給えや、
おうなも鉦を鳴らしつつ
涙とともに父の名を呼び
後消え消えの灯籠を
いつまでも見送りぬ
地謡　〽灯籠を流しては
灯籠を流しては
この悲しみ
忘ること無し、とこしえに
安らかに眠り給えと、
諸人ももろともに
平和の誓唱えつつ、
鎮魂の声
鐘の音
夏の夜空に響きけり。
夏の夜空に消えゆけり。

作者ノート

私は一九九五年、原爆投下五十周年の八月六日、広島大学の創立五十周年記念講演に招かれた。そのとき初めて原爆慰霊祭に参加した。

広島大学は、原爆が投下された年、いわばそれを契機に創立されたのを知ったのはこのときだった。創立の経緯を聞き、講演の前日には原爆資料館を訪れた。展示された被爆の資料の、あまりの悲惨さに言葉を失った。自分の講演などは吹き飛んでしまい、何時間もそこに立ち尽くしたことを覚えている。話には聞き、書物には読んでいたものの、現実はこんな惨状だったとは。

この事実をもとに能を書いてみようとそのとき思った。でも事実の重さ、能舞台にはそぐわない生々しさに、足がすくんで書き進めなかった。

ところが昨今、日本の核武装が声高に議論されるようになった。ここでもう一度、歴史の証人である死者の声を聞いてもらいたいと思った。今こそ、石に刻まれた言葉「過ちは繰り返しません」に耳を傾けてもらいたい。能にはそれを語る力がある。

観世榮夫さんから、原爆の新作能を書かないかという相談があったのは、二〇〇三年、改憲の声が高まった時だった。観世さんは戦前に生まれ、戦争の悲惨さを身をもって知っている。やはり原爆の能を上演したいという念願を長い間持っておられた。かくして条件はそろった。もう逃げてはいられない。

だからいったん書き始めれば、プロットくらいは一気呵成に書き進めることができた。しかし、今度もすんなり完成したわけではなかった。私は事実のあまりの重さに押しつぶされ、どうしても詞章が空疎なものに響いた。日をおいて、何度もはじめから書き直した。被爆という、いわば表象不可能な体験を、能のミニマリズムで表現しようというチャレンジである。容易なわけはない。

私の意図したのは、原爆の悲劇を、生き残っている被爆者の娘（前シテ）と、犠牲者となって死んだ彼女の父の幽霊（後シテ）の両面から描くことだった。前半は現在能で、被爆者である老女の慟哭と核武装への抗議を表わす。後半は夢幻能のかたちをとり、地獄絵のような被爆の惨状を表現したかった。

前シテ観世榮夫の姥が静かに語る、被爆のすさまじさと、核武装への抗議と慟哭を受け止めて、後シテの父の幽霊は阿鼻叫喚の群衆の惨状を、たった一人の演技で表現する。後シテ梅若六郎の独擅場である。

能では幽霊が、死後に堕ちた地獄の苦患を物語るのが普通である。地獄は、だから常にあの世の物語である。それを体験してこの世に戻った幽霊は、現世のわれわれにそれを語って聞かせるのだ。これが夢幻能の常套手法である。

ところがこの能では、生きたままこの世で見た地獄を、死者が振り返って恐怖とともに物語るのである。後に続く救いは無い。それこそ広島に落とされた原爆の現実である。

前半の「静」と後半の「動」とを、アイ狂言、山本東次郎ほかの重厚な掛け合いがつなぐ。さらに、付祝言のように灯籠流しの「鎮魂の段」をつけた。人々はこの悲劇を二度と繰り返さないという誓いの言葉とともに、灯籠を流す。その中に、いつまでも後を見送って立ち尽くす、前シテの老女の姿がある。「広島の鎮魂」は、「長崎の復活」（「長崎の聖母」として、今秋〔二〇〇五年〕浦上天主堂で初演される）と並んで、私が長年表現したいと心に決めた主題である。

被爆六十周年のこの年に、「原爆忌」を初演できるのはうれしい。それも広島を含めた三つの都市で。この能が、毎年この季節にどこかで上演されることを期待している。何度も上演して、磨き上げられ、演出が定まっていくのが、新作能の特権である。能の地謡の胸に響く訴えが、遠く国を超えて響けばいいと願っている。

あらすじ

被爆六十年の原爆忌にあたる今日、旅の僧が広島を訪れます。原爆ドームを眺めながら、今また世界で核武装についての論議が交わされていることを嘆き、ますます平和が遠のいている現状を憂いていますと、年老いた女に呼び止められます。彼女は今宵の原爆忌の灯籠流しに行くのだというのです。被爆者であるその老女は、八月六日、原爆が投下された朝の惨状を物語ります。あの灼熱の爆風で母は息絶え、父の行方はついに知れずになってしまったと。そして六十年たった今も核武装の兆しがあることを憂い、戦争は許さないと強く抗議し、平和を願い祈るのです。雲行きが怪しくなり雨が降りはじめるなか、老女は立ち去ります。

烈しい雷雨にうたれるホームレスの男二人（一人は被爆者、一人の若者は被爆三世）の会話を聞く僧は、核のもたらす計り知れない非人道的事実に深い衝撃を受けます。

やがて灯籠流しが始まる時刻になり、激しい夕立にけぶる川辺にかの老女（前シテ）の父の霊が現れます。そして一瞬にして地獄と化した広島、水を求め黒い雨にうたれてさ迷い命を落としたありさまを語り舞います。

灯籠流しの川辺には犠牲者を弔う声々が、鎮魂の祈りが、平和を願う叫びが響き渡ります。

生死《しょうじ》の川――高瀬舟考

前シテ　男の幽霊（直面または淡男速男の類、小型の黒頭、笠、着流し、黒水衣）

後シテ　同前（怪士または千種男、黒頭、法被、その上に縷水衣、白大口または半切）

ツレ　妻の幽霊（瘠女または連面、着流し、白水衣、杖、ツレなしにも）

ワキ　高瀬舟の船頭（掛素袍、竿）

アイ　鴨川下流の村人

場所　高瀬川の下流の鴨川

時　特定せず

作り物　舟

（作り物出る。ワキ登場）

ワキ（名乗）これは高瀬舟の船頭にて候。
そもそも高瀬と申すは舟の名にて、その通う川を高瀬川と申し候。いにしえ都にて罪人遠島を申しつけらるるときは、この高瀬舟に乗せられて難波の港へ送られ候。いまはかようなることもなく、大阪より荷駄を脚積み都へ運び候。今日も五条あたりに積荷を下ろし候えば、大阪方へ下らばやと存じ候。
（サシ）〽はや夕陽《ゆうかげ》もかたぶきて、
暮れなずみゆく寺の影
入相の鐘をあとに聞き
加茂の都もすぎむらの
川瀬にはやくいでにけり。

シテ（呼びかけ）のう、我をその舟に乗せて賜わり候え。

ワキ　これは矢ばせの渡し舟にてはなし、荷を運ぶ高瀬舟にて候。

シテ　高瀬舟にて候えばこそ舟に乗らんと申し候え。岸辺に寄せて賜わり候え。

ワキ　いや寄るまじく候。

シテ　寄らずとも乗り候うべし。

地謡 （初同）〽灯《ともしび》も
暗き夜舟に寄る波の
寄るともみえぬ岸辺より
音《ね》もなく舟に乗り移る
黒き影はいぶかしや
黒き姿はいぶかしや
（すでに舟に乗って坐している）
やがて更けゆく朧夜に
舟人も　まれ人も
ともに小舟《おぶね》に黙《もだ》しつつ
黒き水をばゆく舟に
さかるる水の音ばかり
聞こえてかいもなき夜舟なりけり

ワキ　そもいかなる人にてましますか。
シテ　これはこの舟にゆかりの者にて候。
いにしえこの舟にて加茂川を下り

ツキ　遠き島に流されし囚われ人にて候。

シテ　囚われ人とは、いかなる罪を犯したる人にて候か。

ワキ　いや囚われ人とは申せ、罪人とは申さず候。

シテ　囚われ人と罪人と、いかなる区別の候べきか。

シテ（カカル）〽人の苦患を救わんとの
心は慈悲にも似たれども
人の命をつづめたる
その苦しみのなおまさる
中有の闇に迷いいる
妄執の根となりし
わが罪とがのありかをば
たださんために来りたり

地謡　〽人目まれなる夜半の瀬の
夢にだにもといたまえ
昔は鵺《ぬえ》も流されし
淀の立つ瀬の高波に
かいもなき身のあかしを

同じく立て申さんと
櫓の水音も高瀬舟
黒き水面に影落ちて
川底に入りて失せにけり
川底に入りて失せにけり

（中入、送り笛）

ワキ　(詞)まことにふしぎなることに我を失ないて候。
この川べりに舟を寄せて、あたりの人にたずね申さばやと存じ候。
いかにこのあたりの人のござ候か。

アイ　これはこのあたりの者にて候。見申せば暗き岸辺に舟をもやいそれがしを呼び止め候は高瀬舟の船頭殿にて候か。

ワキ　さん候。たずね申したきことの候。こうござ候え。
さてもそれがし都にて船荷を下し、加茂川へ舟を進め参らせ候ところに、夜に入りていずくよりか男一人音もなくこの舟に乗り来たりて、この舟のゆかりの者と申す。いわれはと問えば、ありし日、人の苦しみを救わんため人をあやめ、さらに苦しみを重ねたる男の霊と申し候。その罪とがをたださんためここに現われたる由申して

アイ

この川底に姿を見失ないて候。

所の人にて候えば、かようの人につきても、おん聞きあるべしと存じ候。御存知においてはおん教え賜わり候え。

これは恐ろしきことをおんたずね候うものかな。

しかれどもそれがし思いあたることの候。語って聞かせ申し候うべし。

（語り）そもそも高瀬舟と申すは、昔罪人遠島に処せられし折には、この舟に乗せて港の方へと送りたると申し候。

さるほどに罪人ら舟中より都の景色を眺め、もはや親子兄弟にも相見ることかなわぬを嘆き、船頭らに悲しき物語をなしたると申し候。

ここにひとときわあわれなる物語の候。

都下京のあたりに若き夫婦の住み申して候。貧しくは候えども、むつまじく暮らしおり候いしが、この妻ある年胸乳《むなぢ》にしこりを生じ、腫れ広ごり、病い臥して候。夫貧しきなかにも薬石をあがない、医師《くすし》にも診せ日夜看病仕り候いけれども、病勢奔馬の如くついに期を待つばかりとなりて候。

胸乳は岩のごとく腫れ、その痛みたえがたし。餓えても食することあたわず、渇しても水は喉を通らず、息も絶えなんばかりにて、その苦しみは目もあてられぬばかりと申し候。

ある時この妻、夫に申すよう、かように我が苦しむは前世の戒行拙なき故なり。しかれどもわがために、おことがかく苦しみ給うはわが本意にあらず。はやはやこの生を遁れて安楽の地に趣きたく候と、涙ながらに申し候。夫は泣く泣く、心弱く思しめすな、死なば一緒とこそ申し候いつれども、かように死するは狗の子にも劣るべけれと、ともに嘆き悲しみ候。

さるほどに病い甚だ進みて、命旦夕《めい》とも見えたりし宵、夫薬を持ちてねやの内をのぞきしに、妻は喉もとに刃《やいば》をあてて枕辺におびただしく血の流れおり候。このありさまは何ぞと妻に問いしに、苦しき息の下より申すよう、我が病い快癒のすべなく、かように衰弱してその苦しみ耐えがたし。されば苦しみより遁れんとて、喉かききって候えども、かくあやまちて刃喉もとに止まり、いまだ死ぬることあたわず、苦しみの至りに候。かくなる上は一期の頼みにこの刃引きて賜わり候え。物言うもせんなし、と申し候えば、夫大いに驚き、「医師《くすし》を」と申しけれども、妻の切なる願いの目をみて、刃を一気に引き抜きたると申し候。

血潮おびただしく噴き出し、妻はそのまま息たえたると申す。されどもその顔はいと晴れやかにして、菩薩《ぼさつ》、薩陀《さった》の如くみえたると申し候。なんぼう哀れなることにては候わずや。

されどもこのこと、いつしか人の口より洩れ、夫は人を殺めし罪に問われ、この高

ワキ　瀬舟に乗せられ、遠き小島に流され、そこにて相果てたると申し候。しかれども時移り事去りて、いまはこのことを思い出す者もなく候が、かようの苦しみはいまの世にもあまたござ候べければ、かく物語り申して候。さだめしその人は、妻を殺せしとがによりて遠島されし夫の霊にてもや候うべし。これも他生の縁と思いて、舟中にて御供養申し候え。

アイ　いしくもおん物語り候ものかな。さればかの男の苦患を思い出でて、おん弔い申そうずるにて候。

ワキ　われらも人数《にんじゅ》を集め、御供養に加わり申し候べし。

アイ　頼み申し候。

ワキ　（待謡）〽ともづなの
解けぬ悩みの深き川
想い尽きせぬおぼろ夜に
げに　疑いも
濃き川霧のたつ波に
亡者の声を聞かんとて
皆舟中に声をあげ

南無幽霊成道、罪業消滅

（一声、または出端）

シテ、ツレ〽三瀬川、浮きつ沈みつ　ゆく水の
流れの末は　うば玉の
黒き水泡《みなわ》の魂《たま》にやあるらん

地謡　〽うつし世の
生死の川のうき波の
そのうたかたに身をたえて
深き業苦に沈むなる
われらが罪のありかをば
たださんために来たりたり
おん弔いを止《や》め賜え

シテ　〽のう、われらは罪人にて候うや。

ワキ　〽まことに無残なるおん姿にて候。
なおなおあかしをおん立て候え。

地謡　（クリ）〽そもそも病いといえるは

五運六気《りっき》の乱れなり
天地陰陽《おんにょう》の気に随い
虚実傷寒《きょじつしょうかん》を見するといえり。

シテ　（サシ）〽もとより老少不定とは申せども
地謡　〽うつろう花の夢のうち
かりの夜風にさそわれて
春秋《はるあき》多き身の露の
病いに落つる宿縁《さだめ》こそ悲しけれ
（クセ）さてもいにしえは
比翼の枕を並べ
妹背の契り深かりしに
ふとかりそめの風のうち
いたつきは襲い来ぬ
かねては熱かりし
その胸乳さえくずおれて
重き衾の下に臥し
飲食《おんじき》もかなわず

ただ衰ろうるばかりなり
胸を烈く想いに
胸をなずれば
乳《ち》はさながら巌おにて
脹れふくれ肉朽ち
膿血しただりて
その臭気たえがたし
げにや九相の
不浄相もかくやらん

シテ（またはツレ）〽いたつきの癒ゆることなき枕辺に

地謡〽薬種本草をつくせども
かいも涙の深み草
露の間にだに去り得ぬは
肉《ししむら》を断つ苦しみ
さながら狼に
喰いちぎらるるばかりなり

骨を砕く痛みは
羅刹獄卒の
鉄杖もかくやらん
おぼえず空《くう》をつかむ手は
おのが髄をかきむしる
六腑はすなわち火炉となって
百節を焼くとかや
五臓は紅蓮《ぐれん》の氷となって
百虫も断絶す
地獄なればせんもなし
現し世なれば
いかでこれに耐うべき

ツレ　〽さればこの苦を免れんと

地謡　〽刃《やいば》をのどにあて
横ざまに押し切りて
死なんとすれど死なれずして
ただ苦しみを深めたり

いまは願いはひとつなり
おん身慈悲なればこの刃
ただ引き抜きて賜び給えと
血の涙にて申しけり

シテ　〽夫は泣く泣く立ちそいて
地謡　〽気色変わりし　わが妻の
切なる願いの眼を読みて
シテ　〽いまこの苦患を助けずば
人間にあらずとて
地謡　〽刃を一気に引き抜けば
せきの川水せきあえぬ
あふるる血潮
生死の川となって
たちまちにかの岸に
夜のむくろとなりにけり。
しかれどもその妻の

末期の面ざしは
いとはれやかにして
菩薩《ぼさつ》、薩陀《さった》の如くなり。
かく物語り申したる
高瀬舟の罪人の
その罪とがのありかをば
ただしたまえ舟人。

シテ　〽うつせみの
生死の川を渡したる
その舟底の盤石の苦しみ
ご覧候え舟人たち

（立廻）

シテ　〽耐えがたや重き錘《いかり》に沈みたる
この川舟の
（ノル）浅ましの身や

地謡　〽浅ましの身や
浅ましにも見えつらん
悔いも涙に落ち果つる舟板の
あら　おぼつかなの想いやな。

地謡　〽うつし世の
ひとの噂も高瀬川
川霧深き疑いに
苫を水草の
悔いの狭間にゆれゆれて
ちろろ燃ゆる狐火の
暗き心の鬼となって
中有の闇に沈みしを
獄吏らにひきたてられ
身は白砂に裁かれつ
ついに罪をば木津川の
流れも末は淀となる

高瀬舟の罪人の
その罪とがのありかをば
ただしたまえ舟人と
闇の底に入りにけり
闇の底に沈みけり

花供養

前シテ　尼、面は「増女」
後シテ　白洲正子の霊、面は色の白い
「姥」
ワキ　旅の男
語り　正子を知る者

作り物　白椿をあしらった塚

ワキ　（次第）〽心の奥の隠れ里、心の奥の隠れ里、花の行方を尋ねん。

これは旅のものにて候。われ白洲正子の書を数多《あまた》読み、深く傾倒し、旅の跡をも訪ねんと思い立ちて候。

正子逝きて早十年と申す。生前は身近く感じていたれども、死して後、なおも会いたしと慕情止み難く、旧跡を訪ね歩き候。

急ぎ候ほどに、武蔵相模の境なる、鶴川の里につきて候。このあたりには、白洲次郎、正子夫妻の住みなせる、武相荘といえる旧居あり。また近くには、椿の園もござあると聞く。

冬至過ぎたるころなれば、短き日のはや暮れなずみて候。しばらくこの道の辺を逍遙し、正子のことを偲ぼうずるにて候。

あら可憐やな。早咲きの椿一輪、道の辺の垣根に咲いて候。一枝手折り持ち候べし。

シテ　（呼びかけ）のうのう旅人。その花な手折らせ給いそ。

ワキ　不思議やな。よしありげなる尼僧一人《にん》。

花を手折るを止《とど》め給う。

シテ　これは数ある椿の花、などてさのみに惜しみ給う。

花を惜しむにあらねども、花供養に参る道なれば、花物言わぬ夕暮れに、影、唇を動かして、咎め申して候なり。

ワキ　あらやさしや、
花一本《はなひともと》にも水を手向け、
ねんごろに供養する。
さて花を供養するは
いかなることにて候ぞ。

シテ　草木国土悉皆成仏。
自然《じねん》のうちに開ける花
時を待たずに散る花も
等しく摂理を現すなり。
などて佛果を得ざるべき。

ワキ　さて花の命の短きは。

シテ　咲く道理あれば、散る道理あり。花は時を得てこそ美しけれ。

ワキ　理《ことわり》や、かの世阿弥居士も
まことの花とこそ記せしなれ。
さて、花の美しさとは何やらん。

シテ　野の花なべて、一もととして、美しからざるものはなし。
かの小林秀雄の言いしごとく

美しき花あり、然れども
花の美しさなどなしと知れ。

ワキ　面白や、花の美を、かくも正《まさ》しく説きたもう、御身はいかなる人やらん。

シテ　われは名もなき尼なるが、椿の園に名を問えば、壽椿尼とや答うべけれ。または知
らず（白洲）ともいうべきか。
住《じゅう》するところなきを、まず花と知るべし。

ワキ　壽椿尼とは世阿弥の妻。

シテ　〽まことの花の影にこそ、
人知れず咲きし花もあり。
今の世の名は知らずとも、
名乗るもはずかしやと。

地謡　（初同）〽夕闇に、
散り行く椿、名を問えば、
世を侘びて棲む隠れ里
侘び助とこそ答えけれ。
椿の園の仮の宿
花の庵はここぞかし。

花は根に帰るなり。
古巣に帰る鳥の声
鐘の音ともに聞こえて
白き花弁を
散らすと見えて失せにけり
知らずと見えて失せにけり。

（中入り）


ワキ　まことに不思議のことにて候。

このあたりの人に正子の晩年、とりわき能とのかかわりを知るもののありと聞く。

詳しく話を聞こうずるにて候。


正子を知る者の語り　これは正子様にお仕え申した者でございます。お呼びと聞きましたので、急いでここに現れましてございます。

さようでございますか。正子様のことですね。それもお能とのお付き合いを……。

お能は、厩橋の梅若実先生のところに、足しげくお稽古に通われていました。今の六郎様のお祖父様でございます。舞ばかりでなく鼓も笛も一通り習われ、先生の梅若実様からは、もう素人には教えることがないとまでいわれるほどでございました。ご夫君の次郎様のお友達、河上徹太郎様を通じて小林秀雄様や青山二郎様とお付き合いあそばして、正子様はいつもお二人にいじめられて悔しがっておられましたが、小林様は、京都ではいつも正子様に、シャッポをお脱ぎになったそうでございます。それは、京都には、お能でなじみのある地名が沢山ございますから、その所縁を、正子様がすぐ解説なされたからでございます。

ところが五十歳を過ぎたころ、あんなにご熱心だったお能を、ぴたりとおやめになったのでございます。それがなぜかは正子様はどこにも書いておられませんが、私はこう思います。

正子様が、「蟬丸」のお能を遊ばされたときのことでございます。シテの「逆髪」が正子様、ツレの「蟬丸」は実先生のご長男、名手として知られた先代梅若六郎様でした。客席には、小林秀雄様や河上徹太郎様のお顔も見えておりました。次郎様もでございます。いずれも口うるさい連中です。

さて見せ場のカケリ、道行、そして盲目の弟宮の蟬丸との、邂逅と別離の場面へと続きます。延喜の帝の皇子《みこ》と生まれながら、姉弟ともに身体に障害を持ち、宮廷を追放された悲運、放浪の末やっとめぐり会えた喜び、その後に待っている永遠の別れ、名手がやれば感動の名曲でございます。

クライマックスの出会いの場面で、正子様の「逆髪」は、盲目の弟宮の「蝉丸」に、抱き付かんばかりの激しい演技を見せたといいます。盲目の弟宮と再会した喜びが全身にあふれ、悲劇の内親王は、飛ぶような思いで弟宮をかき抱いたと申します。有名な能評家が来合わせていらっしゃいましたが、一言『激しいな』と吐き捨てるようにいったそうにございます。

ここは激情を抑えて、静かなうちに、姉弟の愛と悲運を、力強く描かねばならないのだそうでございますが、正子様は情をむき出しにされてこの場面を演じ、後の酒席で、小林様や青山様からこっぴどいご批評をお受けあそばしたのではないかと思います。能を舞うためには、表に出る力より、それをねじ伏せるだけの男の力がないと出来ない、悔しいが女には能は舞えないと、正子様はそのとき悟られたらしいのです。これが、お能をぷっつりと思い切られたわけではないでしょうか。

お能という物の怪を、振り払った正子様は、お能で培った力を、代わりに文章のほうに渾身で注がれ、簡潔で無駄のない、まるでお能のような力を持った文体を手に入れられたのでございます。そのころお書きになられた「近江山河抄」などは、私にはお能の道行のようにさえ思えます。

六十歳をお過ぎ遊ばしたころから、親友の河上様、青山様、小林様、そしてご夫君の次郎様まで、次々にお亡くなりになられて、正子様のお寂しさはいかばかりでありましたでしょう。しかしその寂寥を振り払うように、貪婪に美しいものがあれば、どこにでも足を伸ばし、おいしいものはどこでもお召し上がりに行くご気質は、若いころ、韋駄天お正と呼ばれていたころと、よそ目には変わりませんでした。そして新しいお友達を見つけては、美しいものの談義に、夜を明かしておられました。八十歳になられても、一向に枯れ枯れとしたということはなくて、むしろ山姥のような妖気さえ放っておいでになられました。そうそう、なくなる前の年に、奈良の薬師寺の花会式に、藪椿の造花を、お友達に差し上げるのだとわざわざ参列なされたのでございました。とは申しますが、このころからは、足腰も弱られて、外出の機会もまれになり、武相荘の自室にこもられ、野の草、木々の花を愛で、数少ない親しいお客様とお会いになってお酒を召し上がるほかは、あの世とこの世の境に遊んでいらっしゃるように私には見受けられました。ひょっとすると、亡くなられた小林様、青山様などとお話しされていたのではないかと思われました。そういえば夢にお会いになったと懐かしげにおっしゃったこともございました。

お若いころは、色白で、洋装に洋髪がお似合いの、白椿のように清らかでお美しゅうございましたが、お年を召されてからも、いつまでも艶やかで、色あせず、なんとなく白椿が、月にきらきらと輝いていたようなかたでございました。お亡くなり遊ばされたのも、椿の花がポトリと落ちるように、あっけなく逝かれましてござい

ます。（退場）

ワキ　この上は、なおも祈念して、正子を偲び申そうずるにて候。

（待謡）〽花、物言わぬ夕陰に
月、さやかに照る夕べ
雪を含める莟の唇《くち》
開くと見えし夢のうち
花の声は響きけり
花びらの声は聞こえけり。

シテ　（一声、引き回しのうちより）
〽ありがたや、雨露陽光の恵みを受けて
四季折々の時を違えず
花は咲き花は散る。（引き回し下ろす）
自然の摂理《せつり》これかとよ。

ワキ　〽際前の花の精なるや。なおも花の供養して、椿の功徳語り給え。

シテ　〽供養するとは愛《め》ずることなり。
四季折々の花を愛ずるこそ、

まことの花の功徳なれ。
今は師走の末なれば、
霜満つ夜半の白玉椿。

ワキ　〽月を映してきらめけり。

シテ　〽また如月は雪椿、

ワキ　〽雪を含んでいよよ重し。

シテ　〽何、雪とかや、
ふしぎや。むかしの詩《うた》の、
思い浮かびて候。

（笛アシライ）

太郎を眠らせ太郎の屋根に雪降り積む

ワキ　〽次郎を眠らせ次郎の屋根に雪降り積む。*

シテ　〽太郎も次郎も在りし昔、
ともに語りしともがらなり。
さあれ去年の雪、花はいずくにありや。**
今は椿の精として

かの友びとの供養せんと
これまで現れいでたるなり。

地謡　〽花の精とは女なれ、
心は男にことならず
ただかりそめに生まれきて
花の功徳を説くことも、
われに課されし性《さが》なれや。
花は両性具有なり
雄蕊雌蕊を取り巻き
心は男、姿は女、
その寂寥の思い出を
変生男子の願いこめて
語り申さん、聞き給え。

地謡（クリ）〽それ美の森に分け入るに、
縁《えにし》あって友となりしは、

シテ　〽青山、小林ら無頼の天才なり。

地謡　〽われも酒席に加わりて、

さらに女とは恩われず。

シテ（サシ）〽雪を踏み山をめぐり。

地謡 〽月を惜しみ、花を求め。
歩き続けて止むことなし。

シテ 〽人は韋駄天、山姥の妄執よと笑えど、

地謡 〽これによりて技を種とし、
心を花と文を磨く。
美を愛し、酒を酌み、
語り明かせし友はみな、
逝きて帰らず。

シテ 〽ただ我のみぞ永らえて

地謡 〽みづはぐむまで老いにける。
野の花木々の花を愛でつつ
この里に隠れ住む。

シテ 〽とりわき椿は思い出あり。

地謡 〽わがおくつきに
一もと植えんと願いしに、

わが夫《つま》次郎は、
椿の花落つるは、
首打ち落とされし如し。
武士《もののふ》の家にはばかりありとのたまいて、
果たさざりける憾みなり。

シテ　〽その思い出にとてもさらば、

地謡　〽庭にあまたの椿を植えたり。

地謡　(クセ)〽椿とは
艶ある葉の木と聞こえけり。
古くは記紀にも
ゆつま椿と
記されし名花なり。
または万葉に
つらつら椿見つつ偲ばんと
詠じけん艶心
われも椿を
見つつ偲ばん昔人。

とりわき我が愛せしは
八千代をかけし玉椿、
または藪椿、侘び助。
一重の椿にしくはなし。
老いてなお、
枯木に咲ける
花一輪の山椿。

シテ 〽または奈良の京

地謡 〽薬師三尊の花会式
散華に混じる藪椿
求め辿りし旅もあり。
足萎えて胸苦し
老いの妄執と思うなよ。
われとてここに
老残の姿をさらし
一重椿の花衣
散り失せぬこそ憾みなれ。

シテ　〽あの世との、
あわいに咲ける白椿
地謡　〽驕慢の昔の色失せず、
月を映して、輝くおもて。
（イロエから序の舞）
シテ　（ワカ）〽契りあれや、
山路のを草《ぐさ》　鞘《さや》裂きて
種飛ばすときに
来あうものかも
来あうものかも。
地謡　〽夢に見みえしともがらの姿
賑わえる宴、
シテ　〽中に艶めく老い木の椿。
地謡　〽咲く花は少なく、
枝葉は枯れても、
残れる花は

シテ　〽凛として清く

地謡　〽今年ばかりの、
真白なる花弁、
黄金《くがね》なる蘂《しべ》は鮮やかなれど、

シテ　〽男に混じりて
面なや、恥ずかしや。

地謡　〽恥ずかしの姿も
老いを重ねて花端然と
咲き残る。
紅《くれない》の落花を踏みて、
同じく惜しむ少年の、夢、
醒むれば、隠れ里に、

シテ　〽一人残されて。老女は、
あら、恋しや、友人《ともびと》。

地謡　〽偲ばるる昔の友はみな
世を去りてただ一人
変生男子の願い空しく

なおも山路に分け入りて
行き暮れ迷う道の果ては、
白洲正子も壽椿尼も
椿の精と現じたる
夢覚めて幻の
花は落ちて跡もなし。
幻の花は失せにけり。

註

＊この詩は、三好達治のもの。白洲正子もお付き合いがあったという。お墓も近くにある。ここでは、太郎は小林秀雄の親友の夭折した詩人、富永太郎や、河上徹太郎を指す。次郎は、白洲次郎、青山二郎などを指す。

＊＊富永太郎によるフランソア・ヴィヨンの訳詩。富永は小林秀雄の親友、この一節を愛した。

＊＊＊これは折口信夫の歌、白洲正子が縁あって出会った人を懐かしんで口ずさんだ。

新作能「花供養」に寄せて

私は、しばしば死んだ人に会うために能楽堂に足を運ぶ。その能の主人公に会うためだけではない。能を見ているうちに、身近の死者たち、たとえば太平洋戦争で戦死した従弟や、老いて死んだ父や母、毅然としていた先生、若くして世を去った友人などの面影が、シテの姿に重なって思い浮かぶ。いい能に遭遇したときは、私の回想の劇中の死者も、切実さを増して蘇える。「鎮魂の詩劇」といわれる能の、もうひとつの効用である。

白洲正子さんが逝ってもう十年、時々無性に会いたくなる。寒い夜半に、一人で酒を飲むときなど、ふと声が聞こえるようで、身をすくめることもある。

白洲さんを偲ぶにいい能には、「姨捨」があるが、白洲さんの一面に偏っている。白洲さんには、もっと艶めいた「驕慢」な一面があるし、「山姥」みたいな凄みもある、青山二郎や小林秀雄に鍛えられた潔さがある。そして何よりも両性具有の美意識が現れていなければならない。悟り済ました老女では済まない。

晩年になってから知遇を得たので、そんなに古い友達ではなかったが、「生涯の最後のお友達のつもりです」とはっきり言われた。新潮文庫の拙著『ビルマの鳥の木』の解説を書いてくださったのが、白洲さんの絶筆となった。

亡くなる三週間前に、病床でお目にかかった時、なんだかまぶしいような、キラキラした顔が今でも目に浮かぶ。一週間ほどして病院に見舞ったときは、もう面会謝絶であった。あのキラキラは何の輝きだったのだろうと今でも思う。今一度お会いしたいという望みは永久に絶たれてしまった。

白洲さんの能を書いてみたいと思っていたところ、たまたまNHKのディレクターから、書いてみないかといわれ決心がついた。この公演も、やがて紹介されるという。

この能は白洲さんのいくつかの側面を立体的に描こうとした。お好きだった椿に事寄せて、花供養する清らかな前シテ。世阿弥や小林秀雄を引いた鋭い花問答は、若き日の白洲さんの才気ある面影を描いた。面は白洲さん愛蔵だった、是閑作の「増」である。

アイの語りの代わりに、女優の真野響子さんに、白洲さんの能との関わり、特にあれだけ執心を持った能を、ある日ふっつりと止めてしまった経緯を語ってもらう。白洲さんの一生を彩った、能という芸術との出会いが、いかに重い経験だったかが伺われる。

後場は、年老いた白洲さんが、両性具有の花の精として現れ、友と過ごした昔を語り、現世を限りなく懐かしみ、椿の数々を引いて謡い舞う。やがて、老いの寂寥を「序の舞」に託すが、そこには多くの友との邂逅に彩られた生涯の思いがこめられる。衰えてなおも歩み続けようとする旅路は、ただ茫漠として果てることがない。寂寞のうちに幻の花は落ちて、この能は終わる。どなたも、どこかで白洲さんの面影に会うことができるだろう。

舞に入る前に謡われる「月を映して輝く面」とあるのは、最後に私の見た、もう死を受け入れた白洲さんの、キラキラした面差しである。なお随所に白洲さんやその友人の文章からの引用がある。面は私所蔵の、近江作の「姥」である。*

今回は、白洲さんに幼少のころから可愛がられた能楽師、梅若六郎さんのシテ、生前白洲さんの影響を受けた花人の、川瀬敏郎さんが捧げる花供養で、白洲さんを偲ぶにふさわしい催しになると信じる。

ご家族しか知らないお話を教えてくださった、白洲信哉さんと牧山桂子さんに感謝する。このつたない能を、白洲さんの没後十年の忌日にご霊前にささげる。

＊初演時の面は「小町老女」（梅若家蔵）を使用、再演用には「姥椿」（臥牛氏郷作）を新作。

あらすじ

旅の男が夕暮れの鶴川の里で、路傍に咲く椿の花を手折る。花供養に参るという尼に咎められるが、花の美をめぐって小林秀雄、世阿弥などを引いて美学論議となる。

名を問われて椿の精とも、世阿弥の妻、壽椿尼とも、白洲正子とも取れる答えを残して、椿の藪の中に消え失せる。

〈中入り〉

やがて藪の中から声がして、老女姿の後シテが現れる。

白洲正子の愛した椿の数々を挙げて、花の美を説き、自然のめぐりに、老いて死ぬ運命を花の命に託し、静かな、しかし艶のある序の舞を舞う。

そして昔の友や現世を限りなく懐かしんで終わる。

〈解説〉

切実な切実な、生命の書

赤坂真理

多田富雄のはじめに能があった

恥ずかしながら、これほどまでに大きな人だとは知らなかった。

免疫学の世界的権威であることなら知っていた、少なくとも、知識としては。

しかしこれほどに偉大な詩人であり劇作家であるとは、知らなかったのである。


この仕事を経ることで、多田富雄の認識はわたしの中で決定的に変わってしまった。

多田富雄は、偉大な詩人で劇作家で、しかも、免疫学の世界的権威である。

その順番は、逆ではない。

能のことにしろ、一般的に言われる多田富雄像は、あとづけのまとめではないだろうか。

免疫学の権威が、古典芸能の能にも造詣が深く、鼓を打たせれば玄人はだし……という。

そうだろうか？

医学生のころに出逢い、共にあり、深いところで存在を支えられた「能」があって、多田富雄は、免疫学を選んだのではないか？

とわたしには思える。

いや。そのように多田富雄は、免疫学に、喚《よ》ばれたのではないか、と。

誰もが持つ「免疫機構」。不全や過剰も含めて、誰もに備わっているもの。器官であり、メカニズムであり、目に見えて、目に見えない、それ。

免疫機構とは、自己と他者や、生と死のなんたるかを問うものであり、その問い自身の、具現である。

免疫という「波打ち際」をはさんで、私たちはいつも、此岸と彼岸を行き来をしている。

向こう側は案外遠い場所ではなく、垂直の彼方にあるところでもなく、しかしここと、決定的にちがう。

水平に歩いて行けるような場かもしれないが、「そこ」と「ここ」には、決定的な一線がある。

淡く、しかも、決定的な。たとえるなら、舞台と客席ほどの違い。たとえるなら、能舞台の「橋掛り」の、向こうとこちらくらいの違い。その境は、目に見え、同時に、見えない。実にして虚、虚にして実。

それを「幽玄」と言いたくなるのは、粋な気持ちからではなく、まったくの実感からである。

多田富雄を経た、今は。

免疫が意味するそれこそは、能が、昔から体現してきたことである。

だから免疫学とは、多田富雄にとって、最先端でありながら、どこか懐かしい場所であったのではないか。

これから一見脈絡なく見えるかもしれないことを言うのを、ゆるしてほしい。

まとめようとして、話を小さくしたくない。

わたしの手に負える人でないことを認めたうえで、大きすぎることの、点景を描く。

その点描たちが、読者の中で生きたネットワークを形成し、多田富雄という「巨《おお》きな人」の全容を、瞬間でも垣間見せることになればと願っている。

たとえ筆者にも見えない全容であっても、「生きたネットワーク」が機能して、なんとか一瞬でも、読者に巨人を垣間見せることができるよう、祈っている。

それほどに、わたしは多田富雄という人のことを、人々に伝えたいと願っている。それが現代の福音であるといわんばかりに。

いや、福音、救い、そのものだから。

詩と芸能の力

詩とは、ヴィジョンを直接扱う芸術なのだ、とわたしに教えてくれたのは多田富雄である。

詩という古い文芸の本当の力を、わたしに教えてくれたのは、多田富雄である。多田富雄の、ある詩である。

「新しい赦《ゆる》しの国」と名付けられたその詩は、本書の冒頭の「歌占」の次に、それと対になるようなかたちでこの世に差し出された（本コレクション第3巻所収）。脳梗塞で倒れた体験を、「内側から」描いた作品である。どうか「歌占」と続けて味わってみてほしい。抜粋を以下にする。

おれは飢えても
喰うことができない
水を飲んでも
ただ噎《む》せるばかりだ
乾燥した舌を動かし
語ろうとした言葉は
自分でも分からなかった
おれは新しい言語で喋っていたのだ

杖にすがって歩き廻ったが
まるで見知らぬ土地だった
真昼というのに

満天に星が輝いていた
懐かしい既視感が広がった
そこは新しい赦しの国だった

おれの胸には豊かな乳房
おれの股座《またぐら》には巨大なペニス
おれは独りで無数の子を孕み
母を身篭らせて父を生む
その孫は千人にも及ぶ
その子孫がこの土地の民だ

「歌占」は、能にある、死んで三日後に蘇った男に、多田が自らをなぞらえた詩であった。「新しい赦しの国」は、いわばその続編だ。死から蘇った男の、その後のこと。聖書にも描かれる、死してのち蘇る男。ラザロがそうだし、ほかならぬイエスがそうだ。聖書では、彼らのその後が描かれることはない。それはただなんとなく祝福すべきことであるように語られる。しかし内実を「体感として」経験してみたら、どうなのだろう？　一度「死んだ」人間は、生き返ったとき、元通りになるのではないらしい。元と同じ人間ではなくなるのだ。おそらくは身体の組成が変わり、おそらくは知覚が変わり、必然的に人格も変わってしまうのだろう。その者は「異形」となっている。

「歌占」は浦島太郎を思わせもする話だが、浦島太郎がそういう話の子供向け版ではないかと——だから子供にはさっぱりわからないのではと——、この本を読んだ今は、思うのだ。

「歌占」の老人のように、「ここ」というものの体験がまったくちがってしまう。「ここ」とはどこなのか。ここここそは地獄ではないのか。

壮年のある日とつぜん、身体の自由が奪われ、表現の自由さが失われる。永久に。それまでの自分は死んだのだ。そしてここに戻って来た。とつぜん老いた者のように。「歌占」ではそれが、地獄と描かれる。老人が言うには、地獄とは死後に在るのではなく、慣れ親しんだつもりのここそ、地獄であったと。憮然とそう言い放って、彼は去る。

その「彼」が、「おれ」と言って一人称で語りはじめたのが、「新しい赦しの国」だ。

この自分を自分として全的に受け入れたとき、初めて、異形は「他人とちがう」を超え「異形という絶対のもの」となる。

絶対の異形者「おれ」として、多田富雄は言うのだ。

おれは新しい言語で
新しい土地のことを語ろう

これまで赦せなかったことを
百万遍でも赦そう

これが福音でなくてなんだろう。

人はここまで言えるものなのか。

それは、聖書にさえ描かれなかった福音だ。


多田富雄が脳梗塞で倒れ、爆音のＭＲＩに入れられて、しかもその恐怖を訴えるすべを赤子ほどにも持たなかったとき。

構音障害や嚥下障害を持って、味を楽しむどころか飲み込むことさえ地獄の苦しみであるとき。

死ぬよりつらいと言いたいことが何遍もあったと思う。

その多田に「新しい人間」として立ち上がる力を与えたのはなんなのだろう。前人未到の赦しの国にまで立たせた力とは。

それこそは、能や詩や芸能の力だったのではないかとわたしは思う。

能が扱う人間とは「異形」の者であるという。その異形の者たちが、若い頃から、芸能を通して自分に語ってきたことは、本当だったのだと、多田は身をもって知ったのではないだろうか。

つまり彼には、先例が示されていたのだ。そういう蓄積こそが、人を支える。そんなときに人を内側から支えられるものは、立場でも名誉でもなく、触れてきた圧倒的にうつくしいもの、芸術・芸能だったりするのだろうと、わたしは思っている。

異形の者についての知見を、芸能ほどに持つものはない。それがあったからこそ、多田富雄は、自ら引き当てた運命たる、むずかしい役を引き受け、聖書も至れなかった高みへと、受苦を昇華できたのではないかとわたしは思っている。

芸能とは、社会の最下層の人々が、誰にでもわかるかたちで伝えてきた智慧である。それが、とてつもなくやさしく、存在を抱きとめ、支え、ともに涙してくれ、立つ力をくれたのではと。

しかしそれについて「説明」する体力や気力は、多田にはなかったのだろう。

そのとき彼に、詩が「おとずれた」。

詩は、「おとずれた」のだと、多田は語っている。

まるで、面をつけた普通の男である「翁」に、神が降りるように。

自分という他者を生きる

詩は、生きた現実のエッセンスを、そのまま他者に生きさせるような、芸術である。

その意味で身体性が高く、すぐれた演劇や芸能に近い。

これが詩についてよく言われていることかはわからないが、私はそう思う。

人を直接体験の只中へと、前後の脈絡を語ることもなく、放りこむ言葉の芸術が、詩である。

「能の現代性」と銘打たれた——つまりはひとつの演劇論である——本書が、詩で始まるのは、だからではないだろうか。

両者は、同じものの別の風貌なのだ。


そして、あるとき、理由もわからないままに投げ込まれた現実。

みずからの脳梗塞を「オール・ザ・サッドン」と多田富雄は形容したが、人生そのものの象徴として、とつぜんの病はあるのかもしれない。


なぜなら、言ってみれば、人生そのものが、そういうものではないだろうか？

もし先天の病があるなら、生まれつきその病を得ているわけを、自分は知らない。

親の因果かもしれない。しかしその親の元に生まれるわけを、自分は知らない。

後天の病なら、なぜ、他ならぬそのときそこで、発病したか、自分は知らない。日々の養生や心がけの良し悪しを語ることはできるだろうが、なぜその体質や性質ひいては運命が自分に降るのかという問いへの答えにはならない。

まるで大きな何者かの手に摑まれ何かを刻印され、強制的に変容させられるかのようである。

いや、どうしてこういう姿かたちで顔なのか、自分は知らない。

なぜ蛙でなく人間に生まれたのかも知らないのだから、すべては先天性とも言える。

すべては最初から、もらった役である。

どんなに恵まれていようと、奪われて見えようと、その役がどこからきたのか、自分が知ることはない。

他人ならまだ、目にも見えるが、自分を自分が見ることもない。

まったく、自分以上の他者がこの世にあるだろうか。


だからこそ「他者になる」という「演劇」が、「自分になる」ために必要なのではないかという気がする。

もらった役を、どうこなすのか。

もらったその役の、真髄はなんなのか。

それを摑むためにこそ、生きてみるのが人生かもしれない。

「人と違う」とか言って悩んでる場合じゃない。

人はすべて、「まれびと」を迎えるように、自己を迎えなければならない。

でなければ、人生を生きそこねるかもしれない。あまりに粗末にするかもしれない。

自分を嫌える生き物は、人間だけだ。

しかし、ただ生きているだけでは、自己はあまりに自明に見える、見えるからこそ、無自覚に生きる。それは、生を摑み損ねるのも同じことだ。

だから、他人が生きた体験を、自分のことのように、ていねいに感じてみることだ。とりわけ、極端な体験をした人の。

多田も言っている。異形の者、犯罪や事件に巻き込まれた者……

繰り返すが、その最高峰が、「死んで生き返った者」だ。

生きものにとって究極の体験である、死。

それが一度起きたなら二度と体験できず、人にも伝えられないからこそ、人は本当は、「死」を、何度も何度も演じてみたい。

宗教の言うことや経文を何度聞いたってわからない。自分の身でシミュレートしてみるしかない。けれど本当に死んでみることはできない。


死を追体験してみるところに、芸能の真骨頂はあるのではないだろうか。

白洲正子との対談「お能と臨死体験」（『花供養』所収）で、能に、昔はチャンチャンバラバラのようなエンタテインメントがあったと白洲正子が多田に語る。切ったり切られたりして舞台上でバッタバッタと死ぬような番組が、あの静かな能とセットになり、バランスしていた、と。白洲曰く「はじめからしまいまでしんねりむっつりじゃ、もうたまんない」（笑）。まったくだ！　人間にとっていちばんのタブーは、いちばんの興味である。だから人間は本当は、何度でも「死んでみたい」。そこに身を入れ込んで、「死」をシミュレートしてみたい。それは、相当に面白いことなはずだ。人に、明日も生きていく活力を与えることとなはずだ。それこそ芸能の本領発揮だ。

聞いた話だが、コスプレイヤーの間で、実際にあった戦国時代の合戦などを、本物そっくりの配置と装束で史実どおりに演じ、斬ったり斬られたり殺したり死んだり、を真剣に演るエンタテインメントがあるらしい。伝統を守っていくだけの能よりは、こういうもののほうがよほど、能の本質に近いのではとわたしは思ったりする。多田富雄に話してみたら、同意が得られたかもしれない。

そして多田自身が、「死んで生き返った者（自己だったものが一度解体して自己編成しなおしたもの）」として語るという、運命を引き受けた。

白洲正子や石牟礼道子との対話などを見ていると、多田はみずからの未来について語っているようにしか見えない。

「新しい赦しの国」にうたわれたとおり、未来とは、過去の映った鏡なのだ。

切実な「生命の書」

多田富雄は、能を愛しながら、伝統を守るだけの能の在り方に疑義を呈している。すべてのものは変化の途上にある。それを一時代のかたちを保存しようとしたら、ちがうものになる。

彼は、新作能をつくることに熱心であったし、それを人にも推奨している。そこでは、「型」は、守るべきむずかしい決まりごとではなく、むしろその蓄積があるからこそ創作が楽だという「土台」である。そう説く。

なんて力づけられるのだろう。

そんなふうに、伝統の力の上に乗ればいい。

科学の発見の多くが、「巨人の肩の上に乗って」なされたように。

ほとんどあらゆることを忘れてしまう日本人が、こんなに古い芸能のかたちをそのまま持っていることは、とても興味深く思われる。それは希望でもある。

伝統は、使われてこそ意味があるように思う。それに、こんにち、鎮魂されるべき者は増える一方なのだ。

だから多田は、新しい能を求めたのだと思う。

それは、「新作能をつくりたい」というアーティスト的な気持ちよりは、「能が能という名前を持つ前に立ち上がる何か」に出逢いたい情熱と、鎮魂すべき魂たちへの思いからだったように、わたしには思われる。

その情熱と、免疫学に懸けた情熱もまた、なんらかわりがない。目にも見えない、生きたシステムが、刻一刻姿を変えながら、自己というものを立ち上げ続ける、その「スーパーシステム」を見る興奮と、同じものが芸能にも多田を駆り立てていたと思う。

これほど切実な、能と詩に関する本はない。

それは、これほど切実な「生命の書」はないということでもある。

あかさか・まり　一九六四年生まれ。編集を任されたアート誌『SALE 2《セカンド》』に寄せた小説がきっかけで、九五年「起爆者」でデビュー。小説に『蝶の皮膚の下』『ミューズ』『ヴァイブレータ』（映画化）、天皇の戦争責任をアメリカで問われる少女を描いて大きな話題となった『東京プリズン』などがある。歴史をつなぐことに関心があり、批評に『モテたい理由』『肉体と読書』『愛と暴力の戦後とその後』など。

〈解説〉

貪欲と寛容について

いとうせいこう

飽くなき好奇心

学生時代から多田富雄さんの著作はよく読んでいたが、ある時を境に私は心の中で「多田先生」と呼ぶようになった。他人を「先生」と言うことがほとんどない自分の、これは意識的な行為である。かつて松岡正剛氏と二人でさる企業の泊まり込みでの役員研修に携わった折、そこにゲストの一人として多田先生が現れたのだった。免疫学界の大家として「自己と非自己」のお話をされるのが大筋であったが、多田先生は他のゲストの話を前日から後ろの方で聞き、ノートさえ取っておられたと思う。

偉い学者はそういうものかもしれず、常にどんな機会も逃さず学んでしまう。多田先生の他にも確かもう一人、そうした態度で研修に参加して下さった方の記憶があるが、それがどなただったかを覚えていない。

では多田先生のことはなぜ強烈に記憶しているかと言えば、事務局によって研修生の後ろに並べられた「教師」側の著作のうちの私の戯曲集、それも『ゴドーは待たれながら』というベケットへの返歌を手にとられているのを見たからだった。

ちょうどそばを通りがかった私は、そもそも尊敬している人が自分の本の中身を読んでいることに緊張し、立ち止まってしまった。するとそれに気づいた多田先生はこうおっしゃるのだ。

「この戯曲は上演されましたか?」

「はい。以前、シティボーイズというコントグループのきたろうさんで一度」

多田先生はため息を少しつき、

「ああ、それは見たかった」

と言われた。私は驚いた。私の戯曲から学ぶ点などないと思ったからであり、それでも「どんな機会も逃さず学ぼう」とする多田先生の、上下を作らない公正な態度、そして飽くなき好奇心に度肝を抜かれたからである。

そしてもちろん、私はそれ以前に増して多田富雄を尊敬するようになった。今度は人間としての大きな敬意も加わっていたから、当然「先生」と呼ぶことに疑いはない。

もうひとつ、その後こんなこともあった。多田先生が倒れられたあと、シアタートラムだったかシアターX《カイ》だったかに現代劇を観に行った時ではないかと思う。ほとんどの観客が席についた頃、背後の扉が開く音がし、少し荒い息がした。どういうわけかわからないが、私は多田先生が来たとわかった。

そっと後ろを向いて確かめると、本当にそうだった。車椅子の上に先生がおられ、奥様がその介護をしておられたと思う。舞台は確か多少の前衛性を漂わせた若い劇団のものだったような気がする。なぜなら、私は多田先生が「また学んで」おられると思ってびっくりしたから。頭が下がると同時に、その貪欲さに恐ろしささえ感じたものだった。

さて、そんな多田先生の新作能と能論を収めた本著にこうして文章を書けるのは僥倖であり、やはり同時に恐ろしい。すでに亡くなってしまった多田富雄はそのように私の中で超自我に組み込まれてこの世を見張っているのだと気づくと、もはやそれが能としての機能のひとつであることは言うまでもなく、多田先生はいまや舞台の裏、そもそも世阿弥が「後ろ戸の神」がいるといったあたりに、ノートを持ってじっとしているような気もしてくる。

その多田富雄という存在は、現世においては学生時代、すでに能に触れて衝撃を受け、自らお稽古をするようになっているから、のちの免疫研究とは別にその道が複線的に人生の中央に走っていたと見るべきだとも思うのだが、それでも例の「強い好奇心」が交差した一点を探しておくのはこうした場にふさわしいことだろう。

詩言語の創造性

先ほど名前を挙げた世阿弥、能を一気に現在のレベルにしてしまった革命的芸術家、あるいは芸能者は、「作能するべし」と説いている。能に関わるなら、自ら作れというのである。

その上で、世阿弥は多くの作能の技術を書き残しているわけだが、その技術の重要な一部はむろん言うまでもなく「掛詞」「縁語使用」「押韻」といった、文芸上の遊戯のごときものである。多田先生自身、「望恨歌」の「創作ノート」の中で「砧の音韻を利用して、打つ、絹（砧）、麻（浅）

衣、恨（裏）みなどの縁語をつなげてみた」と書いている。

ちなみに、この「衣服」に関する縁語は能の中に驚くほどよく出現し、私のような妄想家はつい能の始祖とされる秦河勝がまさに養蚕、機織りといった先進文化をもたらした秦氏の中心人物であったことを連想してしまうのだが、それはともかく「砧」から意味として「打つ」が出てきたり、音として「絹」が出てきたり、服の連想で「裏」が出てきたりするのは、日本文芸の重要な方法論である。

ひとつの言葉がふたつ以上の機能を持つ、とまとめればそれは多田富雄の中で生命の基本原理そのものであった可能性もあると私は考えている。通常、遺伝子言語は四つの塩基の組み合わせで綴られ、各ブロックごとに意味を持つとされる。ここでは「ひとつの言葉がひとつの機能を持つ」ことになる。

だが、そもそも言語と生命を「スーパーシステム」として見ていた多田先生が、一対一対応の単純な世界観を持っていたはずはなく、むしろ塩基の一定の組み合わせが別の意味を担い、似た配列から異なる機能を〝連想〟させたりするきわめて複雑で、かつ元々は単純なものでしか出来ていないブリコラージュ的な働きをイメージしておられたのではないか。

事実、「言語の遺伝子または遺伝子の言語」というエッセイ（『生命の意味論』第六章）で多田先生は血液中の遺伝子について、「少しずつニュアンスの異なった、しかも音韻の似た言葉を作り出してそれを使いわけするのに似ているではないか」と書いている。また、遺伝子が度々起こす変異に関して「もう一文字違いさえすれば別の意味を持つことができるようなのもあって、それが成功すれば新しい遺伝子が誕生するはずである。それは新しい言葉の誕生に似ている」とも述べている。

むろん遺伝子の世界は規定に厳密なルールがあり、そこが曖昧では「自己と非自己」がわからなくなり、それこそ免疫疾患などを引き起こすので、たやすく「一対一対応の単純な世界観」を否定すべくもないが、しかし例えば右に引用した「新しい言葉の誕生」という言葉から、我々は「詩言語」を〝連想〟してもいいはずである。

役所が使う法律的言語は「一対一対応」でなければならないが、言語そのものを絶えず革新し、心の変化や時代の移り変わりに対応してきた「詩言語」はひとつの言葉で複数の何かをあらわすものだ。ただし明治以降の近代化のため、日本ではそれまで使用していた「詩言語」を徹底的に排除してしまう。

掛詞、縁語、押韻は古い手法であり、近代の日本語はそれらと無縁でなければならないという切断が、今から思えば言葉の深い地層のごときものから我々を遠ざけてしまったのである。いったんそうする以外、グローバルな常識に対応出来ないと思ったのも無理からぬことなので一概に批判するものではないが、しかし実は世界中の文芸が各々の「掛詞、縁語、押韻」を持ち、複雑にうごめくことをすでに現代の我々は知っている。

ジョイスは一人でその世界を造ろうとしたのだし、植民地支配が皮肉にも生み出したクレオール言語が誰も想像しない新しい語りを生み出していることもまた、「詩言語」の強力なクリエイティビティを顕示している。

多田先生はその「詩言語」そのものが創造した能を新たに作られた。それは文芸上は、近代化以前の「地層」と通じ合うことであり、その方法論を我が身に引き受けた上で近代化後の「戦争」「原爆」「朝鮮半島支配」といった歴史を語ることである。すなわちすっかり抜け落ちてしまった日本文芸上の空白をたった一人で埋めることであった。

しかしながら、もうひとつ指摘させていただきたいことがある。「望恨歌」で一部出てくる言語遊戯、あるいは他作品に見られる押韻は、比率としてさほど多くはないのである。「詩言語」の重要性を前提としながら、それに淫することのなかった多田先生の判断に、私などはかえってまた深い敬意を覚える。

やろうと思えば容易に出来たはずなのだ。決まりのフレーズは多種多様にあるのだから。けれど、多田富雄の能はまずわかりやすく出来ている。その上でのみ、「ひとつの言葉がふたつ以上の機能を持つ」部分を差し込む。気づけば一人で別の橋を渡っているような感覚をそこでだけふと現出させるが、それよりもまず主題を正しく伝えることへの作者の意志の強さ、謙虚さ、理知的な決断が迫ってくる。

「非自己」を取り込む力

また、「沖縄残月記」創作ノート(『多田富雄新作能全集』所収)でも書かれていることだが、多田能では「今までも、新作能には何かほかの芸能の一部を取り込む試みをしてきた」と言う。朝鮮半島の打楽器、グレゴリオ聖歌、琉球舞踊などなど。それを多田富雄は「世阿弥のころから使われた技法である」と述べている。まさしくそうした他芸能との混交によって、世阿弥たちは一気に名を上げた。

と、ここで門外漢はやはり「自己と非自己」のことを思う。あるいは遺伝子の中を飛び回るトランスポゾンのような、一定のブロックの存在のことを。そしてまた、言語とはもともとそうした移動、混交なくして存在し得ないのだという事実を。

観阿弥、世阿弥は自己に非自己を取り込む才に恵まれていた。つまり「貪欲」でもあり、「寛容」でもあった。そのふたつの特質はそのまま文芸、芸能、そして生命、つまり「詩言語」的であることを原動力とする「スーパーシステム」そのものの力であろう。

多田富雄もまたそうだ。先生はこうして常に文芸に学び、芸能に学び、生命に学んだ。ノートを取り、それを編纂して自らの世界観作りに活かした。その生きる態度、倫理、愉悦、そして何よりも貪欲さと寛容が、多田能のすべての行に遍在している。

我々はその核心を身体に受容し、次代に伝えねばならない。

いとう・せいこう　一九六一年生まれ。早稲田大学卒業。作家・クリエーター。主な著作に『想像ラジオ』（河出文庫）『我々の恋愛』（講談社）『どんぶらこ』（河出書房新社）など。

初出一覧

I　舞台によせて

〈詩〉歌占　『ＤＥＮ』20、ＤＥＮ編集室、二〇〇二年九月　『多田富雄詩集　寛容』藤原書店、二〇一一年」

〈詩〉雨と女——山本順之の『定家』を見て　『ＤＥＮ』22、二〇〇三年一月　『多田富雄詩集　寛容』」

〈詩〉水の女——野村四郎の『采女』に寄せて　『ＤＥＮ』29、二〇〇四年三月　『多田富雄詩集　寛容』」

〈詩〉ＯＫＩＮＡ　『ＤＥＮ』37、二〇〇六年四—六月　『多田富雄詩集　寛容』」

〈詩〉死者たちの復権——麿赤兒の舞踏『大駱駝艦』を見て　『ＤＥＮ』23、二〇〇三年三月　『多田富雄詩集　寛容』」

II　能を語る

春の鼓　『青淵』第三九九号、渋沢青淵記念財団竜門社、一九八二年　『ビルマの鳥の木』新潮文庫、一九九五年」

戸井田道三『観阿弥と世阿弥』　戸井田道三『観阿弥と世阿弥』岩波同時代ライブラリー、一九九四年（解説）　『脳の中の能舞台』新潮社、二〇〇一年」

老女の劇——鏡の虚無　『別冊國文学　能・狂言必携』學燈社、一九九五年　『脳の中の能舞台』

能を観る　『てんとう虫』一九九四年一月号、アダック、『脳の中の能舞台』

能の本を書く事——世阿弥の『三道』をめぐって　『岩波講座 日本文学史』月報、岩波書店、一九九六年十一月　『脳の中の能舞台』

脳の中の能舞台　観世清和監修『能狂言道しるべ』主婦と生活社、一九九七年　『脳の中の能舞台』

日本の伝統　国立劇場演芸場パンフレット、一九九七年五月　『脳の中の能舞台』

姨捨　『新潮』一九九八年一月号　『懐かしい日々の想い』朝日新聞社、二〇〇二年』

能楽二十一世紀の観点　『東京新聞』二〇〇五年一月二十九日　『能の見える風景』藤原書店、二〇〇七年』

第三の眼——成恵卿『西洋の夢幻能——イェイツとパウンド』　『DEN』二〇〇〇年三月　『脳の中の能舞台』

間の構造と発見——能の音楽を中心として　『現代日本文化論／体験としての異文化』岩波書店、一九九七年　『脳の中の能舞台』

日本人とコイアイの間　「間」展パンフレット、二〇〇〇年十一月　『懐かしい日々の想い』

ビルマの鳥の木《バードトリー》　『ミクロスコピア』一一巻四号、考古堂、一九九四年　『ビルマの鳥の木』

白洲さんの心残り　白洲信哉『白洲正子の贈り物』世界文化社、二〇〇四年　『能の見える風景』

山姥の死——鶴見和子さん　『機』藤原書店、二〇〇六年十月号　『能の見える風景』

III　新作能

無明の井

台本　『脳の中の能舞台』『多田富雄 新作能全集』藤原書店、二〇一二年」

創作ノート・構成　橋岡会特別公演パンフレット、一九九一年二月七日　『多田富雄 新作能全集』

望恨歌

台本　『脳の中の能舞台』『多田富雄 新作能全集』

創作ノート　『脳の中の能舞台』『多田富雄 新作能全集』

一石仙人

台本　二〇〇九年四月著者提供　『多田富雄 新作能全集』

創作ノート　『脳の中の能舞台』『多田富雄 新作能全集』

原爆忌

台本　二〇〇七年二月著者提供　『多田富雄 新作能全集』

作者ノート・あらすじ　初演時公演パンフレット、二〇〇五年八月二十九日　『多田富雄 新作能全集』

生死の川——高瀬舟考

台本　二〇〇六年八月著者提供　『多田富雄 新作能全集』

花供養

台本　白洲正子没後十年追悼公演パンフレット、二〇〇八年十二月二十六日　『多田富雄 新作能全集』

新作能「花供養」に寄せて・あらすじ　同前　『多田富雄 新作能全集』

著者紹介

多田富雄（ただ・とみお）

1934 年，茨城県結城市生まれ。東京大学名誉教授。専攻・免疫学。元・国際免疫学会連合会長。1959 年千葉大学医学部卒業。同大学医学部教授，東京大学医学部教授を歴任。71 年，免疫応答を調整するサプレッサー（抑制）T 細胞を発見，野口英世記念医学賞，エミール・フォン・ベーリング賞，朝日賞など多数受賞。84 年文化功労者。
2001 年 5 月 2 日，出張先の金沢で脳梗塞に倒れ，右半身麻痺と仮性球麻痺の後遺症で構音障害，嚥下障害となる。2010 年 4 月 21 日死去。
著書に『免疫の意味論』（大佛次郎賞）『生命へのまなざし』『落葉隻語　ことばのかたみ』（以上，青土社）『生命の意味論』『脳の中の能舞台』『残夢整理』（以上，新潮社）『独酌余滴』（日本エッセイストクラブ賞）『懐かしい日々の想い』（以上，朝日新聞社）『全詩集 歌占』『能の見える風景』『花供養』『詩集 寛容』『多田富雄新作能全集』（以上，藤原書店）『寡黙なる巨人』（小林秀雄賞）『春楡の木陰で』（以上，集英社）など多数。

多田富雄《ただとみお》コレクション（全 5 巻）
4　死者《ししゃ》との対話《たいわ》――能《のう》の現代性《げんだいせい》

2017年11月10日　初版第 1 刷発行©

著　者　多　田　富　雄
発行者　藤　原　良　雄
発行所　株式会社　藤　原　書　店

〒 162-0041　東京都新宿区早稲田鶴巻町 523
電　話　03（5272）0301
FAX　03（5272）0450
振　替　00160 - 4 - 17013
info@fujiwara-shoten.co.jp

印刷・製本　中央精版印刷

落丁本・乱丁本はお取替えいたします
定価はカバーに表示してあります

Printed in Japan
ISBN978-4-86578-145-8

出会いの奇跡がもたらす思想の 誕生 の現場へ

鶴見和子・対話まんだら

自らの存在の根源を見据えることから、社会を、人間を、知を、自然を生涯をかけて問い続けてきた鶴見和子が、自らの生の終着点を目前に、来るべき思想への渾身の一歩を踏み出すために本当に語るべきことを存分に語り合った、珠玉の対話集。

魂 言葉果つるところ　対談者・石牟礼道子

両者ともに近代化論に疑問を抱いてゆく過程から、アニミズム、魂、言葉と歌、そして「言葉なき世界」まで、対話は果てしなく拡がり、二人の小宇宙がからみあいながらとどまるところなく続く。

Ａ５変並製　320 頁　**2200 円**（2002 年 4 月刊）◇ 978-4-89434-276-7

歌「われ」の発見　対談者・佐佐木幸綱

どうしたら日常のわれをのり超えて、自分の根っこの「われ」に迫れるか？　短歌定型に挑む歌人・佐佐木幸綱と、画一的な近代化論を否定し、地域固有の発展のあり方の追求という視点から内発的発展論を打ち出してきた鶴見和子が、作歌の現場で語り合う。　Ａ５変並製　224 頁　**2200 円**（2002 年 12 月刊）◇ 978-4-89434-316-0

知 複数の東洋／複数の西洋〔世界の知を結ぶ〕　対談者・武者小路公秀

世界を舞台に知的対話を実践してきた国際政治学者と国際社会学者が、「東洋 vs 西洋」という単純な二元論に基づく暴力の蔓延を批判し、多様性を尊重する世界のあり方と日本の役割について徹底討論。

Ａ５変並製　224 頁　**2800 円**（2004 年 3 月刊）◇ 978-4-89434-381-8

生命から始まる新しい思想

新版 四十億年の私の「生命《いのち》」〔生命誌と内発的発展論〕

鶴見和子＋中村桂子

地域に根ざした発展を提唱する鶴見「内発的発展論」、生物学の枠を超え生命の全体を捉える中村「生命誌」。従来の近代西欧知を批判し、独自の概念を作りだした二人の徹底討論。

四六上製　二四八頁　**二二〇〇円**
（二〇〇二年七月／二〇一三年三月刊）◇ 978-4-89434-895-0

患者が中心プレイヤー。医療者は支援者

新版 患者学のすすめ〔〝人間らしく生きる権利〟を回復する新しいリハビリテーション〕

上田敏＋鶴見和子

リハビリテーションの原点は、「人間らしく生きる権利」の回復である。〝自己決定権〟を中心に据えた上田敏の「目標指向的リハビリテーション」と、鶴見の内発的発展論が火花を散らし、自らが自らを切り開く新しい思想を創出する！

Ａ５変並製　二四八頁　**二四〇〇円**
（二〇〇三年七月／二〇一六年一月刊）◇ 978-4-86578-058-1

渾身の往復書簡

言魂（ことだま）

石牟礼道子＋多田富雄

免疫学の世界的権威として、生命の本質に迫る仕事の最前線にいた最中、脳梗塞に倒れ、右半身麻痺と構音障害・嚥下障害を背負った多田富雄。水俣の地に踏みとどまりつつ執筆を続け、この世の根源にある苦しみの彼方にほのかな明かりを見つめる石牟礼道子。生命、魂、芸術をめぐって、二人が初めて交わした往復書簡。『環』誌大好評連載。

B6変上製　二一六頁　**二二〇〇円**
（二〇〇八年六月刊）
◇978-4-89434-632-1

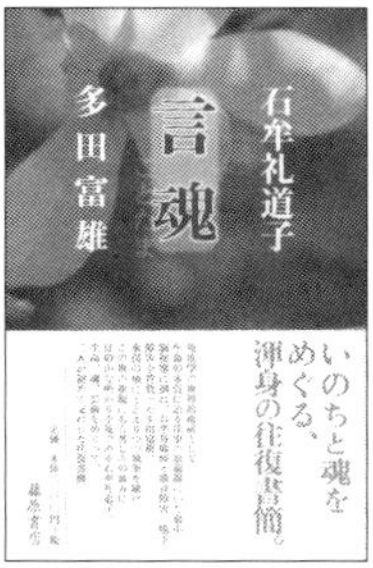

韓国と日本を代表する知の両巨人

詩魂

高銀《コウン》＋石牟礼道子

石牟礼「人と人の間だけでなく、草木とも風とも一体感を感じる時があって、そういう時に詩が生まれます」。
高銀「亡くなった漁師たちの魂に、もっと海の神様たちの歌を歌ってくれと言われて、詩人になったような気がします」。
韓国を代表する詩人・高銀と、日本を代表する作家・詩人の石牟礼道子が、魂を交歓させ語り尽くした三日間。

四六変上製　一六〇頁　**一六〇〇円**
（二〇一五年一月刊）
◇978-4-86578-011-6

作家・詩人と植物生態学者の夢の対談

水俣の海辺に「いのちの森」を

宮脇昭＋石牟礼道子

「私の夢は、『大廻《うまわ》りの塘《とも》』の再生です」――石牟礼道子の最後の夢、子ども時代に遊んだ、水俣の海岸の再生。そこは有機水銀などの毒に冒され、埋め立てられている。アコウや椿の木、魚たち……かつて美しい自然にあふれていたふるさとの再生はできるのか？　水俣は生まれ変われるのか？　「森の匠」宮脇昭の提言とは？

B6変上製　二一六頁　**二〇〇〇円**
（二〇一六年一〇月刊）
◇978-4-86578-092-5

水俣の再生と希望を描く詩集

坂本直充詩集 光り海

坂本直充

推薦＝石牟礼道子
特別寄稿＝柳田邦男　解説＝細谷孝

「水俣病資料館館長坂本直充さんが詩集を出された。胸が痛くなるくらい穏和なお人柄である。「毒死列島身悶えしつつ野辺の花」という句をお贈りしたい。」（石牟礼道子）

A5上製　一七六頁　**二八〇〇円**
（二〇一三年四月刊）
第35回熊日出版文化賞受賞
◇978-4-89434-911-7

❸ **苦海浄土** ほか　第３部 天の魚　関連エッセイ・対談・インタビュー
「苦海浄土」三部作の完結！　解説・加藤登紀子
608 頁　**6500 円**　◇978-4-89434-384-9（2004 年 4 月刊）

❹ **椿の海の記** ほか　エッセイ 1969-1970　解説・金石範
592 頁　**6500 円**　◇978-4-89434-424-2（2004 年 11 月刊）

❺ **西南役伝説** ほか　エッセイ 1971-1972　解説・佐野眞一
544 頁　**6500 円**　◇978-4-89434-405-1（2004 年 9 月刊）

❻ **常世の樹・あやはべるの島へ** ほか　エッセイ 1973-1974　解説・今福龍太
608 頁　**8500 円**　**在庫僅少**◇978-4-89434-550-8（2006 年 12 月刊）

❼ **あやとりの記** ほか　エッセイ 1975　解説・鶴見俊輔
576 頁　**8500 円**　◇978-4-89434-440-2（2005 年 3 月刊）

❽ **おえん遊行** ほか　エッセイ 1976-1978　解説・赤坂憲雄
528 頁　**8500 円**　◇978-4-89434-432-7（2005 年 1 月刊）

❾ **十六夜橋** ほか　エッセイ 1979-1980　解説・志村ふくみ
576 頁　**8500 円**　**在庫僅少**◇978-4-89434-515-7（2006 年 5 月刊）

❿ **食べごしらえ おままごと** ほか　エッセイ 1981-1987　解説・永六輔
640 頁　**8500 円**　**在庫僅少**◇978-4-89434-496-9（2006 年 1 月刊）

⓫ **水はみどろの宮** ほか　エッセイ 1988-1993　解説・伊藤比呂美
672 頁　**8500 円**　◇978-4-89434-469-3（2005 年 8 月刊）

⓬ **天　湖** ほか　エッセイ 1994　解説・町田康
520 頁　**8500 円**　◇978-4-89434-450-1（2005 年 5 月刊）

⓭ **春の城** ほか　解説・河瀨直美
784 頁　**8500 円**　◇978-4-89434-584-3（2007 年 10 月刊）

⓮ **短篇小説・批評**　エッセイ 1995　解説・三砂ちづる
608 頁　**8500 円**　◇978-4-89434-659-8（2008 年 11 月刊）

⓯ **全詩歌句集** ほか　エッセイ 1996-1998　解説・水原紫苑
592 頁　**8500 円**　◇978-4-89434-847-9（2012 年 3 月刊）

⓰ **新作 能・狂言・歌謡** ほか　エッセイ 1999-2000　解説・土屋恵一郎
758 頁　**8500 円**　◇978-4-89434-897-4（2013 年 2 月刊）

⓱ **詩人・高群逸枝**　エッセイ 2001-2002　解説・臼井隆一郎
602 頁　**8500 円**　◇978-4-89434-857-8（2012 年 7 月刊）

別巻 **自　伝**　〔附〕未公開資料・年譜　詳伝年譜・渡辺京二
472 頁　**8500 円**　◇978-4-89434-970-4（2014 年 5 月刊）

〝鎮魂〟の文学の誕生

「石牟礼道子全集・不知火」プレ企画

不知火《しらぬひ》

〔石牟礼道子のコスモロジー〕

石牟礼道子・渡辺京二
大岡信・イリイチほか

インタビュー、新作能、童話、エッセイの他、石牟礼文学のエッセンスと、気鋭の作家らによる石牟礼論を集成し、近代日本文学史上、初めて民衆の日常的・神話的世界の美しさを描いた詩人の全体像に迫る。

菊大並製　二六四頁　二二〇〇円
（二〇〇四年二月刊）
◇978-4-89434-358-0

白洲没十年に書下ろした能

花供養

白洲正子＋多田富雄
笠井賢一編

白洲正子が「最後の友達」と呼んだ免疫学者・多田富雄。没後十年に多田が書下ろした新作能「花供養」に込められた想いとは？　二人の稀有の友情がにじみ出る対談・随筆に加え、作者と演出家とのぎりぎりの緊張の中での制作プロセスをドキュメントし、白洲正子の生涯を支えた「能」という芸術の深奥に迫る。

カラー口絵四頁
Ａ５変上製　二四八頁　**二八〇〇円**
（二〇〇九年一二月刊）
◇978-4-89434-719-9

「万能人」の全体像

多田富雄の世界

藤原書店編集部編

自然科学・人文学の統合を体現した「万能人」の全体像を、九五名の識者が描く。

多田富雄／石牟礼道子／石坂公成／岸本忠三／村上陽一郎／奥村康／冨岡玖夫／磯崎新／永田和宏／中村桂子／柳澤桂子／浅見真州／大倉源次郎／大倉正之助／櫻間金記／野村万作／真野響子／有馬稲子／安藤元雄／加賀乙彦／木崎さと子／公文俊平／新川和江／多川俊映／堀文子／山折哲雄ほか
［写真・文］宮田均

四六上製　三八四頁　**三八〇〇円**
（二〇一一年四月刊）
◇978-4-89434-798-4

生命と科学と美を架橋した免疫学者の全体像

多田富雄のコスモロジー

〈科学と詩学の統合をめざして〉

多田富雄　藤原書店編集部編

免疫学の第一人者として世界の研究をリードする一方、随筆家・詩人、また新作能作者として、芸術と人間性の本質を探った多田富雄。免疫学を通じて「超（スーパー）システム」としての生命という視座に到達し、科学と詩学の統合をめざした「万能人」の全体像。

四六判　二七二頁　**二二〇〇円**
（二〇一六年四月刊）
◇978-4-86578-067-3

多田富雄コレクション（全5巻）

四六上製　予各巻330頁平均／口絵2〜10頁
予各本体2800〜3600円　隔月刊

推薦　**石牟礼道子・梅若玄祥・中村桂子・永田和宏・福岡伸一・松岡正剛・養老孟司**

1 自己とは何か【免疫と生命】　（第1回配本／2017年4月刊）

●多田富雄「免疫論」のインパクトと現代的意味。

Ⅰ 免疫とは何か／免疫の発見／免疫の内部世界／多様性の起源／自己免疫の恐怖／都市と生命／超システムの生と死　Ⅱ 老化―超システムの崩壊／超システムとしての人間／手の中の生と死／人間の眼と虫の眼／死は進化する／人権と遺伝子／共生と共死 ほか　◉解説　**中村桂子・吉川浩満**

ISBN978-4-86578-121-2　344頁　本体2800円＋税

2 生の歓び【食・美・旅】　（第2回配本／2017年6月刊）

●世界を旅し、生を楽しんだ科学者の、美に対する視線。

Ⅰ 春夏秋冬、能と酒／茸と地方文化／クレモナの納豆作り／集まる所と喰う所　Ⅱ サヴォナローラの旅／ふしぎな能面／キメラの肖像／真贋／ガンダーラの小像　Ⅲ パラヴィチーニ家の晩餐／サンティアゴの雨／チンクエ・テーレの坂道 ほか　◉解説　**池内紀・橋本麻里**

ISBN978-4-86578-127-4　320頁　本体2800円＋税

3 人間の復権【リハビリと医療】　（第3回配本／2017年8月刊）

●脳梗塞からの半身麻痺で、より深化した、「生きること」への問い。

Ⅰ〈詩〉新しい赦しの国／小謡 歩み／寡黙なる巨人／回復する生命　Ⅱ〈詩〉君は忿怒佛のように／リハビリ打ち切り問題と医の倫理／介護に現れる人の本性　Ⅲ 死の生物学／引き裂かれた生と死／死のかくも長いプロセス／「老い」断章 ほか　◉解説　**立岩真也・六車由実**

ISBN978-4-86578-137-3　320頁　本体2800円＋税

4 死者との対話【能の現代性】　（第4回配本／2017年10月刊）

●死者の眼差しの伝統芸能から汲み取ったこと、付け加えたこと。

Ⅰ〈詩〉歌占／水の女／OKINA／死者たちの復権　Ⅱ 春の鼓／老女の劇／脳の中の能舞台／姨捨／間の構造と発見／白洲さんの心残り／山姥の死　鶴見和子さん　Ⅲ〈新作能〉無明の井／望恨歌／一石仙人／原爆忌／花供養 ほか　◉解説　**赤坂真理・いとうせいこう**

ISBN978-4-86578-145-8　320頁　本体3600円＋税

5 寛容と希望【未来へのメッセージ】　（予2017年12月刊）

●科学・医学・芸術の全てを吸収した青春と、次世代に伝えたいこと。

Ⅰ〈詩〉アフガニスタンの朝長／神様は不在／弱法師／見知らぬ少年　Ⅱ わが青春の日和山／人それぞれの鵺を飼う　Ⅲ 聴診器／人それぞれの時計／生命と科学と美／小林秀雄の読み方　Ⅳ 救死という思想／若き研究者へのメッセージ ほか　◉解説　**最相葉月・養老孟司**

＊収録論考のタイトル・内容は変更の可能性があります